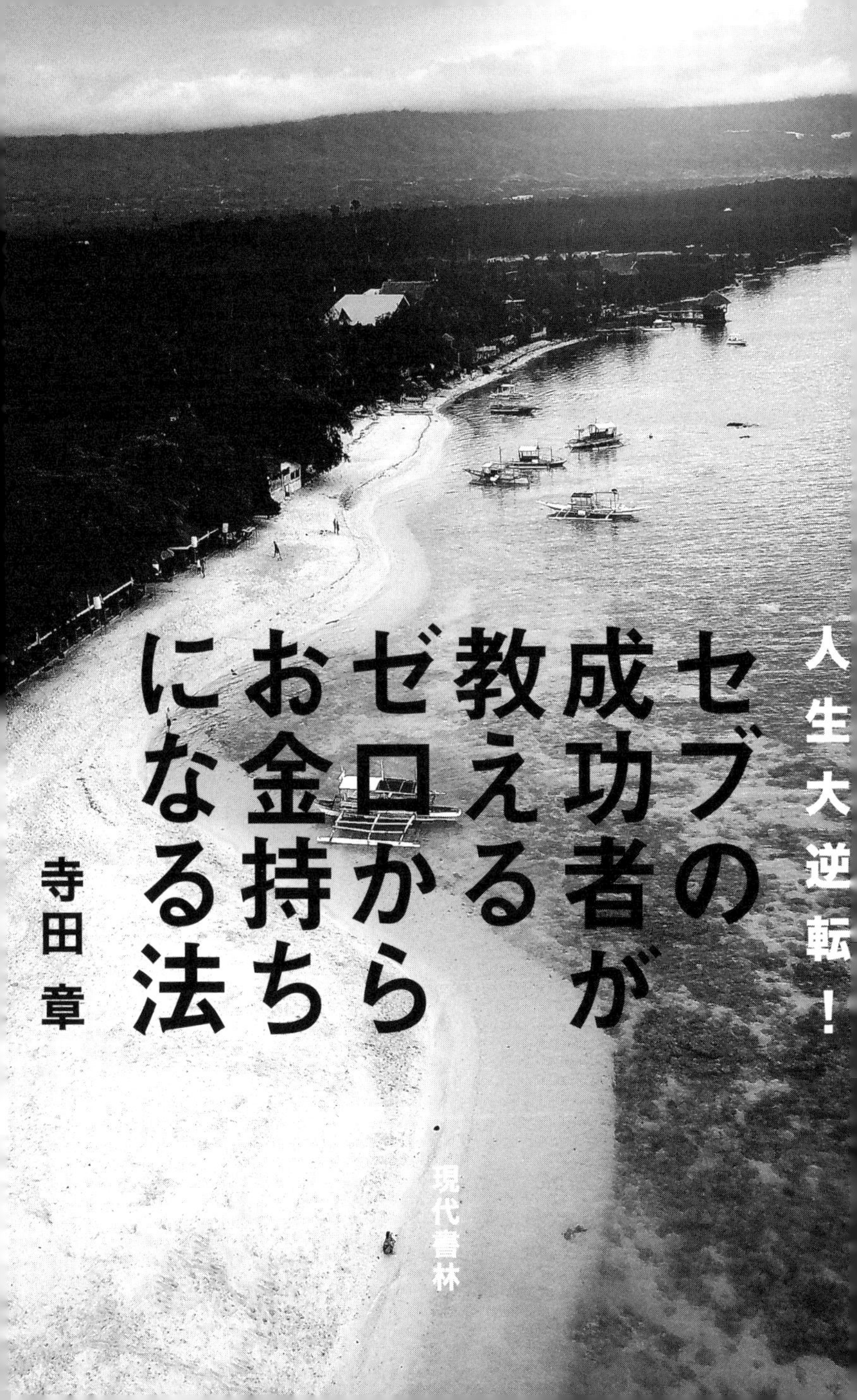

人生大逆転！

セブの成功者が教えるゼロからお金持ちになる法

寺田章

現代書林

はじめに

フィリピン・セブ島の中心街・セブシティのＩＴパークと呼ばれる地区にある高層マンション――。

私は今、そのマンションの10階にある住民専用プールのプールサイドで、朝の新鮮な陽光に輝くセブシティの街路を見下ろしながら日光浴を楽しんでいる。

日本と違い、この島は地球の自転の速度が遅いのではないかと錯覚するほど、いつもゆったりとした時間が流れている。

セブ島は近年、格安で英語を学べる語学留学先として日本の若者たちに人気のスポットになっている。英語で起業を目指す日本人も急増している。

セブ島というとリゾート地のイメージが強いが、セブシティは近代的なビルが立ち並ぶビジネスタウンだ。観光名所や大型ショッピングモール、飲食店なども集中するセブ島随一の繁華街でもある。

私は、福岡県糸島市とセブ島の2か所で「戦略塾」という私塾を主宰し、さまざまなジャンルで活躍する人たちに戦略的アドバイスを提供するという活動を行ってきた。また、ユニオンテラダ・コーポレーション代表取締役、テラダ総合ブレーン研究所代表を務め、さまざまなビジネスを展開してきた。

セブ島と日本を行き来し、毎月1～2週間をセブ島のプール付き高層マンションで過ごす。そんな暮らしをもう10年ほど続けている。

セブ島といえば年間の平均気温が27～30度の常夏リゾート。滞在時は毎朝プールでひと泳ぎしてから、オフィスへ向かう。それが日課になっている。

セブ島では、自家用セスナ機と20人乗りのクルーズ船を仲間と共同所有しており、仕事のない日は妻や知人たちとサンセットクルーズを楽しむこともある。

断っておくが、私は資産家の家に生まれたわけではない。母ひとり子ひとりの、決して裕福ではない家で育った。

そんな私でも、セブ島にマンションを購入し、海外の人気リゾート地と日本を往復するようなライフスタイルを手に入れることができたのだ。

私がこれまで歩んできた人生遍歴は決して平坦なものではなかった。むしろ、波乱に満ちたものだったと言っていいだろう。

若い頃の一時期は冒険家を目指していた。アラスカと日本を往復し、タクシー運転手として働いて資金を貯めた。33歳のときには、単身で北極のエスキモー集落を探訪した。

その後、政治活動に身を投じ、保守政治の刷新を掲げた新自由クラブの結党に参加する。

同党解散後は、新自由クラブの分裂をきっかけに結党された進歩党の副幹事長・財務委員長を務め、次いで衆議院議員の秘

セブの自宅マンション

書も務めた。その後、本格的に事業家に転じた。

私が今日の地歩を固める一つのきっかけとなったビジネスがある。

それは「ペット葬儀社（ペット霊園）」だ。近年のペットブームが起こるはるか前の話である。

ペットは大切な家族の一員であり、人間と同じようにお別れの供養をする「心の産業」をコンセプトにしたビジネスだ。

時代を先取りしたペット霊園は、新聞記事やテレビなどメディアで盛んに取り上げられ、この事業は大成功を収めた。

実は、私の起業家人生は学生時代に始まっている。その経緯や顚末《てんまつ》などについては、本書でこのあと詳しく述べていく。


さて、あなたは「人生で勝つために必要なこと」は何だと思うだろうか？

その第一歩は「夢や欲望を持つこと」だと私は考えている。

ただし、がむしゃらにやっても勝てない。勝つにはそのための方法論が必要だ。

成功する人としない人。その差は一体どこにあるのだろうか？

成功者というとアメリカのＩＴ長者のようなサクセスストーリーを連想するかもしれない。しかし、それはごく稀有な例にすぎない。もちろん、そこを目指すのもいい。だが、たとえ大勝ちしなくても、自分が憧れる暮らしを手に入れることは可能だ。

そのポイントは「大勝ちを目指さず、僅差《きんさ》で勝ち抜くということ」だ。

ちょっとした差で勝ち続けることができれば、誰もが成功者の仲間入りをすることができるのである。

自宅マンションのプールにて

日本は今、元気がない。未来を悲観する若者たちも増えている。

だが、こんな時代だからこそ、若い人たちには大いなる夢を持ってほしい。

欲しいものは望まなければ手に入らない。大事なのは思いの強さだ。

そして、アイデアと戦略、自分を信じてチャレンジし続ける〝熱量〟があれば、その夢はいつかきっと叶う。

本書では、私のこれまでの足跡を紹介しながら、成功するための考え方、アイデアと戦略のヒントなどを提示していきたい。

２０２０年７月

寺田　章

はじめに 3

Part 1
年間100日以上、セブ島のプール付きの自宅で暮らす生き方

「夢」とは「欲望」の発展形である 18
「いくら儲けたいのか」という数値目標を設定する 21
人生は「勝負」の連続だ 24
当時は珍しかった学生起業に乗り出す 27
冒険家を目指し、タクシー運転で資金を貯める 29
単身で北極のエスキモー集落を探訪 33

日本初「ペット霊園」の事業を起こす 37
「戦略こそが命」の政界に身を投じる 43
10年前にセブ島でも起業 47

Part 2

金も人脈も持っていなかった私が、お金持ちになれた2つの理由

持たざる者が成功するためには、たった2つの方法しかない 52
事業にも人生にも「戦略」と「戦術」が必要 56
戦略は大局的にとらえ、戦術は小目標に分けて実行する 58
成功の秘策① アイデアを考える 60
枕元にアイデアノートを置いておく 60

組み合わせの妙から新たなアイデアが生まれる　62
アイデアをストーリー化する　63
自分のアイデアについて結論を先に出す　65
成功の秘策②　アイデアをお金に換える　66
スポンサーが「魅力的だ」と思う提案をする　66
アイデアを言葉にするプレゼンテーション能力を磨く　69
30秒で自分のアイデアを説明してみよう　70
プレゼンテーションには演出も必要だ　73
アイデアの特徴を明確化して伝える　75
成功のヒント①　メディア経由で話題になったペット葬儀事業　77
マスコミを戦略的に動かす　77
見込みスポンサーのメリットを提示する　80
給料自己申告制で少数精鋭の組織に　82
成功のヒント②　通販に目をつけたコンドーム販売　84

「買いづらい」という顧客ニーズに着目　84
成功のヒント③　学生時代に車のトップセールスに　87
得意分野で自分を売り込む　87
顧客の「ペインポイント」を探り当てる　89
成功のヒント④　通学電車で閃いた「動く中吊り広告」　93
「興味を持つこと」がアイデアの源泉　93
成功のヒント⑤　セブ島でのビザ延長のサポート　97
現地の日本人向けサービスで海外起業　97

Part 3

持たざる者から首相に登りつめた田中角栄に学ぶ成功術

人を見て、先を見通す天才・田中角栄　102

角栄の言葉　批判を恐れず仕事をする　105
角栄の言葉　すべての責任は自分が負う　107
角栄の言葉　挨拶がわりの一言で人心をつかむ　109
角栄の言葉　自分の言葉で、結論から話す　111
角栄の言葉　自分にも相手にも誠実に向き合う　115
角栄の言葉　相手の目を見て大きな声で話す　117
角栄の言葉　好き嫌いで人を判断しない　119
角栄の言葉　顔と名前を覚えることで人心をつかむ　121
角栄の言葉　「返事」は人間関係の基本　126
角栄の言葉　真理は常に「中間」にある　128
角栄の言葉　人の悪口を言うな　131
角栄の言葉　恩はさりげなく返す　134
角栄の言葉　失敗が人を成長させる　137
角栄の言葉　運をつかみとれ　140

角栄の言葉　相手に逃げ道を残す　143
角栄の言葉　礼を尽くす挨拶　147
角栄の言葉　学歴より学問　149

Part 4

人生の勝者になるための成功哲学

頭をニュートラルにして自分探しをする　154
セブ島で語学教室をスタートアップする　157
「IT留学」から独立開業への道　160
セブ島へ医学留学して日本で医師になる道も　163
社長に企業内改革のレポートを提出しよう！　165
独立は計画的かつスマートに　168

自分の欠点も武器にしよう 170
角度を変えれば別のアイデアが浮かんでくる 173
転んだらそこで考えろ 176
失敗を「負けにしない」ことで勝ち癖がつく 178
強い意志を持った人だけが勝者になる 180

おわりに 183

Part 1

年間100日以上、
セブ島のプール付きの自宅で
暮らす生き方

「夢」とは「欲望」の発展形である

「若者よ、夢を持て！」

私はこのことを声を大にして言いたい。

「夢を語ることなど恥ずかしい」と考えている若者たちも増えている。いつから日本はそんな国になってしまったのだろう。

今、日本に元気がないのは、若い人が夢を持たないからだ。

〝夢〟というと漠然とした感じがするかもしれない。もっと具体的に言おう。

「お金持ちになりたい」

これも立派な夢である。そういう「思い」からすべてが始まる。

夢という言葉を「欲」と言い換えてもいいだろう。

夢というとロマンチックなイメージがあるが、元をただせば欲望や願望だ。自分の心の奥底から湧き上がってくる欲望が発展していった先にあるのが夢である。つまり、欲望も夢も同じなのだ。

欲望は、なんとなくギラギラとした否定的なものととらえられがちだ。

だが、欲望は人としてのエネルギーの源泉である。欲望をなくしたら、私たちは人生を切り開いていくことはできない。起業をしたいと思っていても事業を起こすこともできないだろう。

ゲストハウスのプール

欲があればお金持ちになれる。でも、欲のない人はお金持ちにはなれない。何事も望まなければ手に入らない。

人生の真理はシンプルだ。

お金は要らないという人のところにお金はやって来ない。お金持ちになりたいのか？　貧乏でよいのか？　そこにまず分かれ道がある。

ゲストハウスでパーティー

成功する人と成功できない人の差。それは思いの強さである。

そして、欲望を達成するには、欲望を強いモチベーションに転換し、具体的な目標を設定して、そこへ向かってアクションを起こさなければならない。

たとえば、夢の実現のためには資金がいる。当たり前のことだ。お金は夢を叶えるための最強の道具だ。お金の話を抜きにして夢の実現は難しい。

夢を叶える第一歩として、たとえばまず100万円を貯めたら、それを200万円にする。そして、次は200万円を1000万円にする方法を考える。

金の亡者になるということではない。そうやって資金を増やしていくことで、結果として「マネービル（財産づくり）」になる。

アメリカでは小学生の頃からお金のゲームをさせるという。投資なども学ぶ。英才教育だ。

だが、日本では子どものときに「お金を稼ぐ」ための勉強はしない。最近はようやく親の影響で、株を買う子どもも増えてきたようだが。

ともかく、「お金持ちになりたい」と思うなら、経済を学習することは不可欠だ。

「いくら儲けたいのか」という数値目標を設定する

「お金を儲けたい」といくら強く願っても、それだけではお金は儲からない。お金を得るための行動を起こさなければ、それは単なる夢想で終わってしまう。当たり前の話だ。

お金を稼ぎたいのなら、漠然とそう思っているだけではダメなのだ。

「いくら儲ける」という数値目標を掲げることで、初めて行動に移すことができる。

では、「1億円儲けたい」という目標はどうか？

少々、非現実的に感じてしまうのではないだろうか。人にもよるが、1億円という目標はイメージしにくく、なかなかモチベーションにはなりにくい。

これが「5000万円」だったらどうだろうか？

多少は現実的になってくるかもしれない。だが、まだそのための行動は起こしにくいのではないか。

実は、「いくら儲けたい」という目標はまだ漠然としているのだ。

そこで必要になるのが「なぜ、○○円儲けたいのか？」という理由づけである。

その理由によっては、「儲けたい」というレベルではなく、「必ず儲けなければならない」という強いモチベーションになることもあるだろう。

借金を返さなければならない、大きな一軒家を建てたい、海外にマンションを購入したい、高級車に乗りたいなど、理由は何でもかまわないので、その目的を叶えるための金額

フィリピンの伝統料理「レチョン」（豚の丸焼き）を切り分ける著者

を具体的に計算するのだ。

　それが現実的な数値目標である。これを設定して初めて、行動が伴ってくる。

　次に重要なのは、その数値目標に対して「日付を入れる」ということだ。

　それも、「半年で○円、1年で○円、2年で○円……」と目標を細分化していくことがポイントだ。

　これは自分の人生における夢の達成計画でも同じだ。「○歳でこれをやる、○歳でこうなる」というように期限を決める。ここが重要だ。

　仮に、期限までに目標が達成できなかったとしても、そこで挫折してはいけない。

さらなる夢の続きを見る。転んでもただでは起きず、計画を修正し、常に夢を見続けることが成功につながるのである。

人生は「勝負」の連続だ

私たちの人生にはいろいろな局面がある。受験戦争から就職試験、昇進レース、ライバル企業との競争……私たちが生きていく上では、大なり小なりさまざまな戦いが繰り返されていく。

人生というのは「勝負」の連続なのである。

そして、その勝負に勝ち抜いていかないと、自分の思い描いた人生を歩んでいくことはできない。

とはいえ、長い人生の中で常に勝ち続けることは難しい。負けることもある。だが、できることなら負けない戦いをしたい。

いっときの勝負には負けたとしても、自分に負けてはいけない。負け癖がついて、自分の心のなかが「負ける」という意識で支配されないようにしたい。

勝負の連続である人生においては、強靭《きょうじん》な自分というものを確立しておくことが必要だ。そうでなければ、自分より強いものに媚びたり、卑屈になったりしてしまう。そんな惨めな人生を送りたいと思う人はいないだろう。

ぜひ、強い自分を確立してほしい。それが人生やビジネスで勝つための条件だ。

「勝つ」といっても、大差で勝つ必要はない。

ちょっとした差で勝てばいいのだ。

スポーツの試合を見てもわかるように、1位の選手とそれ以外の選手の間に決定的な技術の差などがあるわけではない。勝敗は、わずかな何かの違いによって決まる。

その「何か」とは何だろうか？

私は「戦略」だと思う。勝ったほうは戦略で勝利した。負けたほうは戦略が足りなかった。それだけの話なのだ。

人生とはこういうことの繰り返しである。そして、戦略を活用して負けないようにし、ちょっとした差で勝ち抜けることを目指してほしい。

だが、ここでもうひとつ考えておかなければならない。

人生において、「勝つ」というのは本質的にどういうことなのだろうか？

他人を蹴落としてでも勝ちまくってお金持ちになることではない。また、自分と考え方や生き方の違う人を全否定することでもない。

人生で「勝つ」というのは、自分と他人にとっての価値を創造することである。価値を「幸福」と言い換えてもいい。

つまり、自分だけではなく人の役に立つことにこそ意味がある。

人生戦略で勝つというのは、自己実現と価値創造のプロセスに他ならないのだ。

当時は珍しかった学生起業に乗り出す

私の最初の起業は大学時代。18歳のときだった。

高校3年の冬に病気をしたため、受験できる大学がほとんど残っていなかった。幸い、受験できた大学に合格した。だが、自ら進んで行きたいと望んだ大学ではなかった。かといって、浪人できるほど家庭は裕福ではない。

こうして進学したのが東京経済大学だった。

「せっかく、経済の専門大学に進んだのだから、経済のことを実地で学べるようなことをしよう」

私はそう考え、友人2人を集めて、事業を起こすことにした。

今でこそ、学生起業は珍しくなくなったが、私が学生だった1960年代にはそんな発想をする人間は全くいなかった。

どんな事業を起こしたのか？

なんと、「コンドームの通信販売」である。

コンドーム販売を思いついたのは、母親が薬剤師であり、叔父が製薬会社の重役をしていたという環境のせいもあったかもしれない。

今では、若者の街である東京・原宿に専門店があり、コンビニエンスストアでも普通に売っているほど、コンドームを買うことはオープンになっている。

だが、私の学生時代、コンドームは需要があるものの、おおっぴらには買いにくいものだった。自動販売機もまだなかった。話題にすることさえ、なんとなくはばかられるムードがあった。コンドームは市民権を得られていなかったのだ。

私はここに目をつけた。

声をかけたのは大手の製薬会社だった。

コンドームの通信販売のアイデアを提案すると、相手は「えっ？」と驚いて絶句した。

それはそうだ。学生からそんな発想をぶつけられるとは考えてもいなかっただろう。

だが、「えっ？」とびっくりされるくらいの発想でちょうどいいのだ。

ともかく、この起業が私の事業家人生の出発点となった。コンドーム通販を皮切りに、学生ながら、その後も車のセールスなどの仕事を手がけて成功を収めた。

これまで多くの事業を起こしてきたが、基本的に失敗したことはない。

なぜか？

失敗は修正すれば成功するからだ。

だから、若い人にはどんどんチャレンジしてほしい。最初はうまくいかないかもしれないが、あきらめなければ必ず道は開ける。

冒険家を目指し、タクシー運転で資金を貯める

事業に没頭した学生時代が終わり、私は社会人になった。

大学卒業後は輸入商社に就職した。ある人に「学生起業をした面白い奴がいる」と推薦

されてのことだった。

だが、私はわずか半年でその会社を退職した。サラリーマンに向いていないと自覚したからだ。

こんなことがあった。

商売のアイデアを出すと、重役は「寺田くんのアイデアがいちばんいい」と評価してくれた。

だが、直属の上司には「お前のアイデアは却下」とばっさり切り捨てられた。

「俺は、こんな会社にいていいいんだろうか？」という疑問がふくらんだ。

要するに、組織に合わないのである。そして、ハタとこう思った。

「俺は社長に向いている！」

自分は勤め人にはなれない。社長になるしか選択肢はない。そういうところに自分を追いこんだのだ。

会社を辞めた私は、有り余るほどの自由な時間を手に入れた。

ずっと思い描いていた夢があった。冒険家になることだ。この頃、ある挫折を体験していたこともあり、私は「ロマンの旅に出よう」と考えた。

さて、南に行くか？　北へ向かうか？

ロマンの旅といえばやはり北のイメージだ。

「よし、北へ行こう！」

友人に声をかけ、北極圏・アラスカ、カナダを目指すことになった。

アラスカを選んだのには理由がある。

かつて新田次郎の『アラスカ物語』を読み、飢餓に苦しむエスキモーのために新天地を築いた主人公の日系一世フランク安田の生き方に共感したのだった。

以来、日本とアラスカ、カナダを行ったり来たりの生活が始まった。

だが、友人は一人抜け、二人抜け、とうとう私一人になった。アラスカがすっかり気に入った私は、それでも旅を繰り返した。アラスカと日本の往復は6年にも及んだ。１９６０年代半ばのことだった。

その間の収入を支えたのがタクシードライバーの仕事だった。二種免許を持っていたので、日本でタクシー運転手をして旅の資金を稼いだ。

アラスカでタクシー運転のアルバイトをして食いつないだこともある。あまり知られていないが、タクシーは北極でも走っている。

本当ならライセンスが必要だった。モグリのバイトだ。だが、ほとんど車がない場所を走っているわけだから、取り締まる人もいない。

タクシー運転の仕事を選んだのは自由に休みが取れるからだった。

飯が食えて、自由な時間を得られる仕事というのは当時、タクシーの運転手くらいしかなかった。しかも、人間関係の煩わしさも少ない。

夜の仕事をするという選択もあった。だが、自分には向いていない。だったら、体を使う仕事のほうがいい。そう思った。

単身で北極のエスキモー集落を探訪

１９７８年になると、北極での新たな冒険が始まった。

アラスカの北極圏からさらに２５０キロ先にあるアラスカ州西北端ポイントホープという町のエスキモー（現在はイヌイットと呼ばれている）の集落に単身で入ることになったのだ。

ポイントホープ入りした際、たまたまポイントホープの集落長であるフランクソンという人物に運良く出会うことになった。

私はこう自己紹介した。

「アラスカ州政府事務所で、汚れなきアラスカを見るのならポイントホープが良いと教えられた。私は何でも食べる。どこにでも寝られる。寝袋もある。エスキモーと永遠の友になりたい！」

フランクソンと長老が相談した結果、まもなく「よくぞ来た」という色よい返事をもらった。こうして、私は5日間の滞在許可を得た。

ポイントホープの住人はエスキモーが200人。そして、その集落から100メートルほど離れたところにアメリカのレーダー関係従事者200人の宿舎があった。

私は現地取材に来ていたロンドンの新聞記者とカメラマンの3人で、寄せ集めの材木で建てたようなバラックで共同生活をすることになった。

この旅で幸いだったのは、海岸エスキモーにとって一族の生活がかかったクジラ漁への同行を許されたことだった。

重装備で取材陣とともにエスキモーの後を追って、陸地の氷原や海上の氷上を20キロほど歩く。それは、文字どおり死ぬほどの苦しみだった。3時間の悪戦苦闘の末、ベーリング海峡に臨む海岸に到着。そこでは8人編成の6グループのエスキモーがキャンプを張り、決められた猟場でクジラやオットセイなどの獲物に目を光らせていた。

獲物はセミクジラ。エスキモーは射程距離に入ったクジラの頭を狙ってライフルを射つ。仕留めた獲物にモリが打ち込まれ、やがてナイフを使っての解体作業と肉の山分けが始まる。彼らは貴重なクジラの生肉を、家族の分け前として私にも与えてくれた。

こうして、私は5時間にわたるエスキモーとクジラの格闘を目撃したが、その後「寝る場所がない」という理由で帰されることになった。後ろ髪をひかれる思いでポイントホープに引き返す。

氷原の一人旅は、なんとも心細く、途中二度ほど氷の上に寝そべって、アラスカの空に向かって一人大声で叫んだ。

その後も私は何度かエスキモー集落を訪れた。ポイントホープで、冒険家の故・植村直己に出会ったこともあった。

旅のために、東京・赤坂にあるアラスカ州政府観光局の日本事務所に通っては、宿泊先を紹介してもらった。ホテルなどない。エスキモーの人を紹介してもらって、集落に泊めてもらうのだ。

エスキモーの男の人は、クジラやイルカの漁のために長期の旅に出るという生活をしている。その間、集落には女の人しか残らない。

そうした期間に泊めてもらうわけだが、宿泊は1～2週間程度しか許可が下りない。だから、帰国してまたアラスカ州政府観光局へ出向き、次の旅の宿泊先を紹介してもらう。そんな日常を3年ほど続けた。

道もない極寒の地を泣く泣く歩く。命の危険もある。そんな過酷な体験に私はとことん鍛えられた。

何が起きても頼る人はいない。一人ですべてを考え、解決していかなければならない。誰のせいでもない。言い出したのは自分だ。

命がけで物事に挑めば自信がつく。若い人たちにはそうした体験をすることを強く勧めたい。

挑戦することは何でもかまわない。自転車や徒歩で日本一周をするとか、もっと小さなことでもいい。何かをやり遂げることが自信につながる。その成功体験はビジネスにも必ず生きるのだ。

日本初「ペット霊園」の事業を起こす

アラスカの旅の季節を終えると、私はビジネスの世界へ舞い戻った。

帰国後、まず政治家や企業向けのシンクタンク「寺田総合ブレーン研究所」を設立した。

それが縁で、元衆議院議員で政治評論家の麻生良方の秘書を務めることにもなった。

さらに、私は本格的に事業を起こすことを模索していた。

まずは、「何で起業するか?」を決めなければならない。

当時、わが家ではジョンという柴犬を飼っていた。

ヒントはまだ幼かった娘の一言だった。

「パパ、ジョンが死んだらどうなるの? お墓もないし、かわいそう」

当時、メディアなどが「子どもの情操教育のためにペットを飼いましょう」ということを盛んに言っていた。

だが、情操教育といいながら、そのペットが亡くなったらゴミと一緒にポイッと捨てている人がほとんどだった。家族同然のペットも、死んでしまえば廃棄物処理法の対象、つまりゴミ扱いになる。

だが、それでは娘の情操教育上、問題があるなと思った。家に庭があれば埋めることもできるが、マンションに住んでいれば庭なんかない。

「わかった。パパが考えてみるよ」

娘の何気ない一言に、私のアンテナは反応していた。

ペットは大切な家族の一員。なのに、亡くなってきちんと埋葬することもできない。

「なぜ、人間の葬儀屋はあるのに、ペットの葬儀屋はないんだろう？」

そんな単純な発想だったが、そこに必ずニーズがあると感じた。

ビジネスのタネは思わぬところに転がっているものだ。

こうしてたどり着いたアイデアが「ペット専門の葬儀社」という事業だった。

霊園をつくって、死んだペットの葬儀と埋葬を行うという、当時としては日本初の試みである。

「これはイケる！」

私はそう踏んだ。

そのアイデアを考えていたときに、私の頭に浮かんできたのは戦没者墓地で有名なハワイの国立太平洋記念墓地（パンチボウルの丘）や海外の各地で見かけたメモリアルパーク、ペット専門霊園だった。

当時、日本にもペット霊園らしきものはあったが、どれもジメジメした雰囲気で暗い。だが、外国のペット霊園は、緑の芝生に工夫をこらしたモニュメントが置かれた明るいイメージがあった。

「あれを日本でやればウケるぞ」

そう目論んだのだった。

こうして1982年、私は埼玉県所沢市の西武球場の近くに、「日本動物セレモニーセンター・狭山湖動物霊園」をつくり、ペットの葬式から火葬、専用墓地への埋葬までを一手に引き受けるという事業をスタートさせた。

それまでは、死んだペットとの別れは「庭先に埋めて終わり」だった。そうではなく、死んだペットを人間と同じ手順で手厚く葬るのだ。

お客さんが望めば、霊柩車がわりの保冷車で自宅まで従業員が遺体を引き取りに行き、写真や果物などを供えた祭壇をしつらえて、カセットテープの読経が流れるなかで焼香して最後の別れを惜しむ。

ペット霊園には首都圏はもちろん、北海道から九州まで全国から亡くなったペットが持ち込まれた。犬や猫が90%を占めたが、カメやヘビ、九官鳥、ウサギ、ハツカネズミ、モルモット、アライグマなどありとあらゆる動物が埋葬された。

なかには、「子どもが縁日でヒヨコを買って来て育てていたが、死んでしまったので」とニワトリを持ち込むお母さんもいた。またあるときは金魚の火葬依頼があったが、さすがにこれは断った。

ペットの火葬場の隣は日当たりの良い芝生地が広がる霊園。「ペットの墓」「愛犬の墓」「○○家、安らかに眠れ」などと刻まれた大理石や御影石の真っ白な墓石が整然と並ぶ。その様は外人墓地を思わせるものだった。

狭山湖動物霊園の敷地は約2000坪で、火葬炉が4基あった。記念樹を植え、そこに散歩道を敷設し、広大なペットの森をつくった。まさしくメモリアルパークである。

家族は、亡くなった愛犬の2世3世を連れて霊園を訪れる。そこはペットランやカフェもあるペットの王国だった。

その後、全国からペット霊園のノウハウを教えてほしいという問い合わせが増えた。そこで、「日本動物セレモニーセンター」として全国でフランチャイズ(FC)展開をすることになった。

FCの加入者には、必要な施設の建設のために当社の指定業者が設計・施工にあたった。運営や営業方法、霊園の管理方法などについては研修会で指導した。広告宣伝も本部が支援した。

事業の多角化にも乗り出した。葬儀関連だけではなく、代わりのペットの購入斡旋から、ペット用品・フーズの販売など総合ペット業を展開するとともに、ペットを飼う家庭の住宅のリフォームも請け負った。

こうして、「ゆりかごから墓場まで」のペット産業を展開した。

この取り組みはさらに多方面に拡大していった。

ペット霊園の協会「全国動物霊園協会」を立ち上げ、動物愛護の意義を社会へ訴えていくことにしたのだ。協会員には自分が考えたペット葬儀のノウハウをすべて教えた。

その団体では「ペットの養老院」という構想まで視野に入れていた。今でいう「老犬ホーム」だ。

私はペット葬儀の事業を「心の産業」「情緒産業」と定義していた。悲しみごとのお手伝いをする産業だ。そういう言い方をしたのは私が最初だったと思う。

ペット霊園は40年以上にわたって経営に携わったが、70歳を過ぎて後進へバトンタッチした。

「戦略こそが命」の政界に身を投じる

かつて日本に「新自由クラブ」という政党があった。

ロッキード事件で田中角栄前首相に捜査の手が及ぶなど、政治倫理が大きな政治課題に上っていた1976年、自由民主党を離党していた衆議院議員の河野洋平、田川誠一、山口敏夫、西岡武夫らが「保守政治の刷新」を掲げて結成した政党だ。

若かった私は政治の世界に並々ならぬ関心をもっていた。政治改革に共鳴し、「世の中、こんなことじゃよくならない！」と社会正義に燃えていた。

当時、自由民主党の森喜朗元首相が自民党の機関誌を担当していた。私は「機関誌の改革から始めたらどうか」と森へ提言した。森はなかなか動かなかった。

時を前後して自民党を離党したメンバーが新しい政党をつくる動きが活発化した。自民党の対応に業を煮やした私は、新自由クラブの結党に参加することになった。

さまざまな集会に参加して、いろいろと意見を言っているうちに、「手伝いなさい」という話になった。そして、田川誠一の鞄持ちをしながら、コンビで活動をすることになった。

新自由クラブでは、かつて秘書を務めた麻生良方の次男・麻生輝久が新宿区議に出馬し、トップ当選した際の選挙参謀も務めた。１９８３年のことだった。

今も昔も政治には金がかかる。政治倫理を叫んで結党された新自由クラブも、そこから逃れることはできなかった。政治資金づくりを主に担当していたのが山口敏夫だった。お金づくりをするということはブラックの世界に近づくということ。きれいな政治というのはやはり難しいと感じた。

１９８６年、新自由クラブは自民党への合流に伴い解散した。幹部は自民党へ復党したが、唯一復党しなかったのが田川誠一だった。田川は１９８７年に新自由クラブの残党を集めて進歩党を結成する。

母ひとり子ひとりで育った私は、田川に対してオヤジのような親近感を感じていた。だから、彼についていくことにした。進歩党に参加し、副幹事長と財務委員長を引き受けることになった。

その後、政界再編と政党システムの流動化は急ピッチで進んでいく。

1993年には日本新党に参加。その年の総選挙では長期一党支配を続けてきた自民党が過半数を割り込み、非自民連立の細川政権が発足した。私はこの歴史的な政権交代にもかかわることになった。だが、細川内閣は短命に終わった。

1994年には、自由民主党、日本社会党、新党さきがけの3党が連立を組み、社会党委員長の村山富市が首相に担がれて村山内閣が誕生した。

当時、自民党と社会党が手を組むことは「禁じ手」と言われた。イデオロギーで長年対立関係にあった両党の野合政権と批判を浴びるのは必至だった。

村山はぎりぎりまで連立を迷っていた。私たちのグループは、村山を都内のホテルに缶詰にして決断を迫った。

これをきっかけに、歴史的ないわゆる「自社さ」連立政権が誕生することになった。

私が政治の世界に惹かれたのはなぜだったのだろう？

政界では次々と立ち現れてくる戦略的課題を早急に解決していかなければならない。そこでは最適な戦略が必要とされる。その最たるものが選挙だ。議員選挙で当選するためには、縁もゆかりもない有権者を投票箱まで足を運ばせ、自分の名前を書いてもらわなければならない。そのためには周到な戦略が必要になる。

今振り返ると、私が政界での仕事にやりがいを感じていたのは、まさに「戦略こそが命」という世界だったからだと思う。

だが一方で、政治活動に身をおいてつくづく感じたのは、やはり政治とお金の問題は切り離せないということだった。

社会正義ではあるけれど、政治の世界にはいろいろな人間が入りこんでくる。私は政治を知らずに純粋培養で政界に飛び込んだから、いかにお金をスマートにいただいて社会に還元するかということを考えていた。

しかし、お金がからむと、きれいごとでは済まないことも多い。いかに自分の理念を訴えても、相手はきれいごとに耳を傾けてはくれない。

政治は難しい。政治では多くの人に幸せを提供することはできない。そう思い知らされた。

こうして私は、政治の世界から身を引いた。

10年前にセブ島でも起業

セブ島との出会いは1960年代半ばだった。

私は当時から小型飛行機（セスナ）の操縦を趣味にしていた。セブ島は気流が安定しているため操縦がしやすいことで知られている。現在もセブ島では、セスナの体験操縦や自家用操縦士ライセンス取得に訪れる人が多い。

しかも、セブ島は日本から飛行機で約4時間半と近く、ひとっ飛びで行くことができる。常夏の島なのでいつも天気がよく、おまけに物価が安いときている。

私はセブ島がすっかり気に入ってしまった。

そして、10年ほど前にセブシティの高層マンションの1LDKの部屋を購入した。ビジネスのために拠点となるフィリピンの住所が必要だったからだ。購入したときの価格は約1000万円という安さだった。

当初は住まいとしてはほとんど使用していなかったが、最近は月に1～2週間をそのマンションで過ごす。

外国で仕事と遊びの両方ができる場所はそうたくさんあるわけではない。ハワイが人気なのも遊びと仕事ができるからだ。だが、ハワイは物価が高いし、やや遠い。

遊びも仕事も可能で、近場にあり、物価の安いところがセブ島なのだ。

年をとってからの移住先としてもセブ島は魅力的だと思う。これからの時代、日本で年金だけで暮らしていくのは難しい。しかし、セブ島に移住すれば年金で十分生活していけるのだ。

年金を現地で受け取ることも可能だ。家賃を払えて食費も安く、通いの専属メイドさんに来てもらい、ゴルフにも通え、専属ドライバー付きの車に乗ることもできる。もちろん、ビジネスをしてもいい。

日本で年金受給者が邪魔者扱いされるくらいなら、思いきってセブ島に来ることをお勧

友人と共同所有するセスナ機

めする。２か国の永住権を持てば人生も大きく広がるだろう。

私は、日本とセブ島を往復する生活を送ることで、グローバルな視点で日本を見ることができるようになった。

これからの時代、海外で起業する人や、複数の国を行き来しながらビジネスを展開する人がますます増えてくるのではないかと思う。

Part 2

金も人脈も持っていなかった私が、お金持ちになれた２つの理由

持たざる者が成功するためには、たった2つの方法しかない

起業して成功するには、まずは「お金」と考えるだろう。

それは当然のことかもしれない。もともと潤沢《じゅんたく》な資金があるか、入念に準備して資金を調達できれば、事業を起こして成功する可能性は高くなるかもしれない。

では、資金を持っていない人間はどうすればいいのか？

実は、事業を成功させる鍵は、多くの資金を用意できるかどうかではない。

「どれだけ多くの人を自分のビジネスに巻き込めるか」

ということに尽きる。

そして、持たざる者が多くの人を巻き込んで成功するためには、たった2つの方法しか

ない。

それは「アイデア」と「戦略」だ。

アイデアを生み出し、それを実現するための戦略を組み立てることが重要なのだ。

その条件は、次の３つのステップに集約されるだろう。

①事業のアイデアが魅力的で、多くの人々の潜在的なニーズを満たすものかどうか
②アイデアを実現させるための仕掛け、ロジックがしっかりしているか
③そのビジネスのメリットを他人に伝えるプレゼンテーションを行えるか

まずはアイデアである。他者と同じ発想をしていては絶対に勝てない。

お金儲けをするための自分自身のテーマがないかぎり、お金を稼ぐことはできない。

10円で買ったものを20円、30円で売るアイデアがなければならないのだ。

アイデアがない人は考えがないということだ。自分の考えがない人のもとにはお金はやってこない。

「考えること」はお金がなくてもできる。自分の脳みそ一個あればいい。

お金をたくさん持っているけれどアイデアがない。そういう人がたくさんいる。だからこそ、アイデアを持った人にお金を託すわけである。

そして、アイデアは「鮮度」が命である。

何か新しい商品なりビジネスが登場したときに、

「俺はあれをもっと前に思いついていた」

と言っても、もう遅すぎるのだ。

起業家、アントレプレナーが失敗するいちばんの原因は、閃いたアイデアを形にできないからだ。企業に勤めていて、「画期的なアイデアを思いついた。これはイケるぞ！」と会社を辞める。

ところが、独立したのはいいものの、アイデアを形にする作業がすっぽり抜け落ちている。その結果、失敗して「会社を辞めなきゃよかった」と後悔する人が少なくない。

アイデアは、アイデアのままでは何の価値も持たない。実現されなければただの空論である。できるだけ早く行動を起こさなければならない。

アイデアを実現するためには、資金を持っている人に支援者になってもらう必要がある。そのためにアイデアを提案して興味を持ってもらい、出資してもらわなければならない。

そこで必要になるのが、アイデアを実現するための仕掛けである。

そのビジネスを成功させるためには何をすればよいかという、入口から出口までのストーリーを自分で描き、その間にスポンサーを入れこんでいくという一連のプログラムをつくるのだ。

そして、相手に「面白そうだ」と思ってもらわなければならない。そのためのプレゼンテーション能力を磨く。そのプレゼンができない人はお金とは縁遠くなるだろう。

事業にも人生にも「戦略」と「戦術」が必要

事業においても、人生で自分の夢を実現していくに際しても大切なのは「戦略」である。そして、その戦略を実行していくためには「戦術」が必要になる。

では、戦略、戦術とは何だろう?

私が主宰する「戦略塾」では次のように定義している。

「戦略」とは、目的を達成するために、他者との差別化によって自己実現、つまり目標達成していくように方向付け、主体的に計画を進めていくことだ。

「戦術」とは、その戦略にもとづき、いかに効果的に行動できるかという具体策を考えることである。

簡単に言うと、目標を立てて決めるまでが戦略で、それを実行する手段が戦術だ。

組織であれば、戦略を立てる経営陣と戦術を担う実行部隊は明確に分かれるが、個人の場合は自分一人なので、戦略と戦術は結合して一体化している。

戦略の立案と戦術の実行を自分ひとりが担う。その二役を演じるのはなかなか大変である。戦術を実行する自分に対して、戦略家としてそれを大局的な視点で判断する必要もあるからだ。

もちろん戦略と戦術の区分けが難しい場合もあるし、二役の役割の違いを意識することにそれほど意味のないこともある。

それでも、戦略と戦術をあえて言い分けているのは、戦略を立てても戦術としてそれを実行しなければ意味がないからである。具体的なアクションが伴わなければ、戦略には何の意味もない。

いずれにしても、ちょっとした差で勝つためには、自分のアイデアを差別化する独自の戦略と戦術を持たなければならないのだ。

戦略は大局的にとらえ、戦術は小目標に分けて実行する

自分の欲望を満たすことを目指して長期的に取り組んでいく。その先に「夢」の達成がある。事業体や組織の場合はこの夢のことを「ビジョン」という言葉で表現する。ビジョンは目指すべき方向性だ。

では、目標というのはどの程度のレベルを設定すればいいのだろうか?

私は、自分の能力の「130%」くらいにしておくのがちょうどよいと考えている。

100%に設定すれば達成はさほど難しくない。だが、それは目標ではなく、単なる計画にすぎない。

目標は、努力しなければ達成が難しい地点に設定しなければならない。もちろん、15

0％でも200％でもよいが、努力目標があまりにも高すぎて逆効果になるリスクもある。

ただ、目標はどれだけ大きく設定してもかまわないと思う。いずれにしても一気に達成することはできない。

だから、最初は小さな目標に落としこんで実行することになる。それが有効な戦術になる。

大きな成果は、小さな成果の積み重ねによって得られるのだ。

目標達成のために有効な方法は、

「戦略は全体的、大局的にとらえる」

「戦術は小さな目標に分けて実行する」

ということである。

まずは自分の能力を見きわめ、現状を分析し、何を達成して自己実現するのかを決め、戦術を小目標に分解してやり遂げる。

これが成功に至るためのロードマップである。

成功の秘策①　アイデアを考える

枕元にアイデアノートを置いておく

「何か新しい事業を始めたいのだが、アイデアが浮かばない」

そんな風に悩んでいる人も多いだろう。

劇的なアイデアが突然、天から降りてきた。そういう人もいるだろう。だが、それはごく稀な話だ。

私がお勧めしたい新規事業のアイデア発想法は「メモ」を活用することである。

私が学生時代からずっと実践していることがある。

アイデアを書き留める「アイデアノート」というものを作り、それをいつも枕元に置いておくのだ。

アイデアというのは面白いもので、必死であれこれ考えているときにはなかなか出てこないが、予期しないときにパッと思いつく。

眠っているときに夢の中で閃いたり、ウトウトしたりしているときに不意にアイデアが浮かんできたという経験をしたことのある人も少なくないだろう。

体は眠っているが脳は活動している「レム睡眠」という状態のときに、私たちの頭の中では記憶の再構成が行われていて、そのときに普段は思いつかないようなアイデアが浮かぶのだという。

でも、そういうときに出てきたせっかくのアイデアも、朝起きたときには忘れてしまっていることが多い。もったいない話だ。

だから、枕元にノートを置いておき、思いついたことをすぐにメモすることが必要なのである。

組み合わせの妙から新たなアイデアが生まれる

アイデアノートの効用はもうひとつある。

アイデアを生み出すには、新しい価値をクリエイトする力とオリジナリティが必要だ。そのため「価値を創造する」には100%がオリジナルのアイデアでなければならないと思いがちだ。だが、よほどの天才でもないかぎり、全くのゼロからアイデアを生み出せる人は少ないだろう。

アイデアはすべてがオリジナルでなくてもいいのだ。実際に、多くの商品やサービスのアイデアの7~8割は、実は既存のアイデアの組み合わせであることが多い。他からアイデアを借りてもいい。そう考えればハードルは低くなるだろう。ただし、20~30%は自分のオリジナルの要素を入れ込む必要がある。

また、自分の考えたいくつかのアイデアを組み合わせたり、入れ替えたりすることがブレイクスルーになることもよくある。

こうしてアイデアを広げていくと、たとえ自分独自のアイデアが2、3割しかなかったとしても、全体は自分がクリエイトした新しい価値として成立するのだ。

そして、ここでもアイデアノートが威力を発揮する。

思いついたアイデアをメモし続けていくと、その断片同士が予想外の接点となり、新しい価値につながることも期待できる。

そして、いくつかの情報を組み合わせてブラッシュアップすることで、それまでに存在しなかった事業のアイデアをひねり出すこともできるのだ。

アイデアをストーリー化する

アイデアノートに書いておくのは、簡単なフレーズだけでいい。

ただし、あとでそのアイデアをストーリー化（プログラム化）する必要がある。夢の中などで出てきたアイデアは断片にすぎない。それを形にするには入口から出口までの展開を考えておかなければならない。そこから発想が広がっていく。

ストーリー化というのは、たとえて言えばこういうことだ。

「プロ野球選手になりたい」という夢を持っていても、そう思っているだけでは実現することはできない。

野球選手になるために何をすればいいかをプログラムすることが重要だ。毎日バッティングセンターに通う。何歳になったらあのジムに通って筋力を強化するなどというように、目標から逆算して段階を追ってやるべきことを決めていくわけだ。

よく知られるようになったが、メジャーリーグで二刀流として活躍する大谷翔平選手が高校時代に立てた目標達成シートがある。これも夢を叶えるためのプログラムとして参考になるだろう。実際に、こうした目標設定の方法は最近、ビジネスの世界でも注目されている。

同じように、アイデアをストーリー化することで、実現のために必要なアクションが明確になる。

ただし、ストーリーを設定する作業は頭の中で行えばよい。アイデアノートにこまごまと書く必要はない。頭の中で自分だけがわかっていればよいのだ。

自分のアイデアについて結論を先に出す

アイデアはまた、「ニーズを作り出す実行力」から生まれる。まだ表面化していない潜在的なニーズを察知し、それをわかりやすい形で提示することが重要だ。

そして、自分のアイデアを実現するために必要なのは「仮説」である。

仮説が正しいかどうかは問わない。あとで検証すればいい。

まずは「自分はこう思う」という結論を先に出すのだ。アイデアに対して「入口から出口までのプロセスはこうだ」と結論づけてしまう。

そうすると、素早くアクションを起こして、その仮説を実証しなければならないことになる。

仮説が間違っていると思えば、そこで解決策を導き出そうと考えるだろう。

そのプロセスで思考に飛躍が生まれる。そこから、新しいアイデアや価値が生まれる可能性があるのだ。

仮説を立てるということは大切だ。

とりあえずでもよいので、仮説を立てる。すると、問題解決がスピーディーになる。自分の考え方の間違いにも早く気づくことができる。

アイデアを形にするための戦略とは「結論ありき」である。そして、仮説の検証を重ねていくうちに、思ってもみなかった地平に到達することも少なくない。

成功の秘策② アイデアをお金に換える

スポンサーが「魅力的だ」と思う提案をする

アイデアのストーリー化ができたら、次の段階として、そのアイデアをどのようにお金に換えてビジネスとして成立させるかを考えなければならない。

それは簡単に言えば、スポンサーになってくれる可能性のある相手をいかに説得するかということに尽きる。

スポンサーに「魅力的な提案だ」と思ってもらうには、そのアイデア（商品）にこれまでにない特徴があり、そこにターゲット（ユーザー）は飛びつくだろうと確信させる必要がある。

当たり前の話だが、モノを売る場合には、「これはこういう商品ですよ」と特徴を明確にして売るわけである。営業の仕事も同じだ。

その際、どの人に提案すればいいかを見きわめなければならない。

詳しくは後述するが、私は学生時代に車を販売する仕事をしていてトップセールスを記録したことがある。

当時は今と違って、若者たちは誰もが「車が欲しい」と思っていた。

ただ、そこで既製の車を売るのでは競合他社と何も変わらないから、ビジネスとして抜きん出ることはできない。

では、たとえば自分だけのオリジナルの車が買えるとしたらどうか？　さらに「欲しい！」と思うだろう。

そこで、スポンサーにこう提案する。

「自分だけのオリジナルの車を提供する会社をつくりませんか？」

スポンサーは「それは面白い」と思うだろう。

「で、どうするの？」と話に乗ってくる。

そこで、考えていたアイデアを披露する。

「ボンネットはベンツで豪華にし、屋根はオープンにする。ボディはカローラの中古の再生品を使って材料費を抑える。こうして好きなパーツを組み合わせた自分だけの特別な車をつくります。お客さんが１００人いれば１００通りの車ができ上がるわけです。中古の材料を使えば原価は30万円程度に抑えられます。『あなただけの特別な車に作り上げますよ』とアピールすれば、学生でも１００万円、２００万円は出しますよ」

自動車メーカーの人間は何だかんだ言って、みんな車が好きだ。これまでにない新しい車の話には乗ってくる可能性が高い。

スポンサーの琴線に触れるような提案ができるかどうか。そこが勝負の分かれ目だ。

アイデアを言葉にするプレゼンテーション能力を磨く

自分の提案が受け入れられるか否かは、プレゼンテーション能力にも左右される。相手を引きつける工夫をし、相手を納得させる話し方を身につけたい。そのためのトレーニングも必要だろう。

プレゼンテーションの基本は人とのコミュニケーションだ。考えをまとまりのある言葉にして、その内容を相手に的確に伝えなければならない。

コミュニケーションにおいて大切なのは、話に論理の糸が一本すっと通っていることである。そして、プレゼンテーションを行う相手との間で互いにその論理を意識するような話の展開をするのだ。

論理というと難しく思うかもしれないが、少しだけ準備して話の内容を整理しておくだけでよい。

論理がないと言葉が不明瞭になり、思考も漠然とする。なんとなく頭で考えているだけでは、自分の考えている内容が相手には届かないと肝に銘じておいてほしい。

「考える」というのは言葉にすることである。言葉で的確に表現してこそ、その人の考えとして定着するのだ。

30秒で自分のアイデアを説明してみよう

アメリカのＩＴの聖地・シリコンバレーで、起業家や開発者が投資家に対するプレゼンテーションの権利を得るための話し方として有名な方法がある。

それは「エレベーター・トーク（エレベーター・ピッチ）」という方法だ。

直訳すると、「エレベーターが行先階に着くまでの間に強力に売り込む話し方」ということである。

与えられた時間は15～30秒だ。

その数十秒ですべてが決まるわけではないが、そこでインパクトを与えることができれば、次のプレゼンや会議につながるということである。

シリコンバレーの起業家たちは、投資家が乗ったエレベーターに偶然を装って同乗し、行先階に着くまでの数十秒間に、自分のプロジェクトを端的に、魅力的に伝えることを重要視している。

「エレベーター・トークができなければ起業家として生き残れない」とまで言われている。

長いプレゼンテーションを行う場合も、冒頭の30秒ほどに印象的な話を入れることで、相手に伝わるプレゼンになる。

一般に、エレベーター・トークの構成要素は次の6つだと言われる。

①自分の情報と商品名

簡潔に自己紹介をしながら、取り扱う商品やアイデアを紹介する。

②ベネフィット

商品（アイデア）の利点ではなく、それを使うことで得られる恩恵をユーザー目線で伝える。

③ **独自性**

他の商品との違い、従来にないアイデアであることをアピールする。

④ **興味をもたせるフレーズ**

数字や著名人の話題を挟み込んだり、「これまで日本にはなかった〜」といったフレーズを入れて、相手の興味をかきたてる。

⑤ **理由**

独自性や興味性の裏付けとなる理由や証拠を織り交ぜる。

⑥ **クロージング**

相手の具体的な行動を促すような情報を与える。

このなかでもとくに重要なのが「ベネフィット」である。その商品やサービスを使うことでユーザーがどのようなメリットを得られるのかを端的に伝えることが大切になる。

プレゼンテーションのトレーニングとして、このエレベーター・トークを実践してみてほしい。

やってみればわかるが、30秒などあっという間だ。よほどの集中力で、要点をとらえて説明しないと、相手に興味を持ってもらえるアピールをすることはできない。わかりやすい言葉で、しかも短いセンテンスで話すのがコツだ。

これを身につけると、プレゼンや会議、営業、スピーチなどビジネスシーンでのコミュニケーション能力がぐっと上がるだろう。

プレゼンテーションには演出も必要だ

プレゼンテーションにおいては、見せるための演出も必要だ。

私は学生時代に名刺を作って企業を回ったことがある。それもただの名刺ではない。名刺の裏側に履歴書を印刷したのだ。

そんなことをする学生はいなかったから、「変わった奴だ」と相手は興味を持ってくる。

そして、「ゆっくり話を聞きたい」ということになる。ここまで来れば、こっちのものだ。

型にはまらない発想で、他人がやらないことをやる。すべてはアイデアと演出の勝負である。

私は政治活動をしていたときに、政治家に対していろいろと意見を言う機会があった。海千山千の政治家に対して、「こうやって世の中を良くしよう」などと正論を言っても誰も耳を傾けてはくれない。

だから、相手を説得するためには、どう話を組み立てればよいかを徹底的に考えた。その経験がビジネスにも生かされていると思っている。

まずは自分のアイデアに自信を持つことが絶対条件だ。自信なさげに説明されたプランに乗る人間はいない。

「これは売れるに決まっている！」

と、自信たっぷりにプレゼンする。

そして、その自信の裏付けを得るためにも、アイデアの入口から出口までのストーリーを描いておくことが重要なのだ。

アイデアの特徴を明確化して伝える

ストーリー化をするための前提になるのは、その商品（アイデア）の「特徴は何か？」を明確にしておくことだ。

特性の明確化について、単純な例で説明しよう。

「饅頭《まんじゅう》が売れない。どうしたら売れるだろうか？」と悩んでいる店主がいたとする。

饅頭にはあんこが入っているものだ。あんこが入っていない饅頭など買う人はいない。だから、まず饅頭にあんこが入っていることをわかるようにしなければならない。さらに、甘いものに目がない人であれば、どのくらいの量のあんこが入っているかも気になるだろう。それが前もってわかれば「買いたい！」と思うはずだ。

競合との違いをどう打ち出していくかが肝だ。そして、特徴を明確にプレゼンすることができれば、極端な話、「売れないものなどない」のである。

「ありきたりな饅頭」であったとしても特徴を作り出すことはできる。饅頭そのものではなく、売っている人の特性を前面に打ち出してもいい。

たとえば、その店主が誠実な人柄であれば、「世界一誠実な人が作っている饅頭」と銘打って大々的にアピールする。

それを聞いた人は、「饅頭屋の誠実とは何か？」と考えるかもしれない。饅頭が好きなわけではないけれど、「誠実な人の作る饅頭か……」と興味を抱く可能性がある。それだけで、すでに耳目を集めたことになる。

要するに、プレゼンの前に、自分のアイデアに哲学をこめることが大事なのだ。

自信を持てば、売れないものはない。できないことはない。

そうやって、若者が自信を持つことができれば、それがもともとの自分の夢とオーバーラップして、その夢の実現のためのストーリーを描くこともできるだろう。

成功のヒント① メディア経由で話題になったペット葬儀事業

マスコミを戦略的に動かす

前述したように、かつて私はペットの葬儀社という事業を立ち上げた。

現在、日本は空前のペットブームである。2019年のペット関連総市場規模は前年度比1・7%増の1兆5700億円（見込）に達した（矢野経済研究所調べ）。

私がペット霊園を始めた頃は、人間とペットの関係性が変わり始め、「ペットの家族化」が進む時代のとば口にあった。

「大切な家族なのにお墓もなくて可哀想《かわいそう》」という娘の一言をヒントに思いついたそのアイデアを形にするために、私はこんな道筋でストーリーを組み立てた。

まず、ペットの〝葬儀〟というフレーズのインパクトが強かった。

たとえば〝永遠〟といった漠然とした言葉よりも、〝葬儀〟という響きの方が印象は強い。アイデアはいい。だが、それだけでは成功はおぼつかない。問題は、そのアイデアと自分の会社の存在をいかにして世間にアピールするかということだった。

そのためには何か仕掛けが必要だ。そう考えた私は、ペットの葬儀という言葉を世の中の人々に印象づけるために、メディアを動かそうと考えた。

私は新聞社を中心としてマスコミ各社に次のような自筆の親書を送った。

「情操教育のためにペットを飼いましょうと言っていたメディアの責任は大きい。ペットが亡くなってゴミと一緒にポイ捨てではいけない。ついては、私がペットの葬儀社をつくることにした。これからはこういう時代だと知らしめることに社会的意義がある」

つまり、「情操教育」にテーマを絞り、日本にもそういう時代が来るということを、欧米を例にとって説明したのだ。

そのテーマが当時の社会状況に合っていたらしく、メディアはその親書に反応した。まず全国紙の記者が取材にやってきた。

続いて、スポーツ紙の文化欄担当者、週刊誌、月刊誌が「ニュータイプのペット霊園」として取り上げた。そして、テレビでも紹介されるに至り、この事業は一気に全国区になっていった。

前述したように、私が描いたペット霊園のイメージは、日本の〝霊園〟ではなく、ハワイなど海外のメモリアルパークだった。広い共同墓地をつくり、そこに安価な料金を払ってペットを埋葬するというビジネスモデルだ。

この仕掛けにメディアは飛びついた。新聞や雑誌などから取材依頼が殺到し、マスコミと口コミが連動して世の中に拡散されていった。ほどなく問い合わせが殺到した。私の仕掛けに乗って、メディアが勝手に宣伝してくれたのだ。

企業にとってマスコミというのは両刃の剣だ。うまく活用すれば強力な武器になる。だが、いったん弱点を握られると、会社もろとも吹っ飛ばされるというリスクもある。メディアを動かす際には、そのへんの配慮も必要だ。

ともかく、事業を成功させるためには仕掛けが重要である。学生時代に起業した経験で私はそのことを確信していた。どんなビジネスでもそうだが、言い出しっぺが宣伝するのではダメで、相手に「やってほしい」と言わせる仕組みをつくることが大事なのだ。

見込みスポンサーのメリットを提示する

ペット葬儀の事業が成功した理由はまだある。

一つはペットに関連する事業のアイデアをたくさん持っていたこと、そしてもう一つが投資家をうまく探すことができたということだ。

ペット霊園というアイデアがあっても、それを形にするには「土地」がなければならない。それも、私のイメージは海外のメモリアルパークのような霊園だから、広大な土地が必要だった。

しかし、東京で広大な土地を入手しようと思えば莫大なお金がかかる。もちろん、私にはそんな資産はなかった。

では、どうしたか？

土地を持っている見込みスポンサーを探し、あの手この手で説得したのである。たとえば、

「この土地は市街化調整区域ですから、自由に開発できませんよね。しかし、こうすればお金になります。ついては、ペット霊園をつくってくれれば私がすべて管理して対応しますよ」

といった具合だ。

そして、ペットのお墓が1基売れたら、いくらかのマージンを払う契約にした。すると、土地からの収益がほぼゼロだったものが毎月決まったお金が入ってくることになる。そこにメリットを感じればスポンサーになってくれるわけだ。

投資家を探すというのはこういうことである。どんなにアイデアが素晴らしくても、スポンサーにとって収益がどう上がるかを伝えない限り関わろうとはしないだろう。

まずはアイデアありきだ。そのアイデアを実現するには投資してくれる人が必要になる。その際、見込みスポンサーのメリットを明確に提示し、互いにウィンウィンの関係になる

ような戦略を立てればアイデア実現の早道になる。

給料自己申告制で少数精鋭の組織に

少し余談になる。

このペット葬儀社には従業員が10名ほどいたが、給料は自己申告制のシステムをとっていた。

理由は次のようなものだった。

この会社では大卒しか採用しないことを基本としていた。「亡くなったペットをゴミと一緒には捨てない」ということの哲学や社会的意義を理解するには大卒程度の学力が必要だと考えたからだ。

そして、そこまで要求する以上、自分の給料は自分で決めてもらうことにしたのだ。

社員は自分の給料を自分で決めて、どんな仕事ができるかを書いてもらう。自分のベースアップ分を自分で申告させ、そのとおりに支払うわけである。

給料を自己申告にするということは、結果に対する最終責任も自分が持つということであり、仕事には誠実にエネルギーを供給するという契約にしたのだ。

大企業ならともかく、零細企業で大卒を募集しても人は集まらない。普通の発想では誰も来てくれない。だから、給料自己申告制という、びっくりするようなことをした。これで「面白い会社だ」と思ってもらえた。一種の差別化戦略である。

最近は給料自己申告制の企業も増えてきたが、当時としては珍しかった。知名度も歴史もない会社が勝つための、これも持たざる者のアイデアだったと言える。

社員が自分の約束した仕事を完遂できなければ、給料はそれ以上には上がらない。言ったことを実行できたら給料は上がる。そういうルールを確立した。

もちろん、労働と対価の具体的な契約が成り立っている以上、経営者側にも社員が目標を達成すれば、会社の業績に関係なく、決まった給料を払う責任がある。

そして、社員にはコンセプトを明確に伝えるのだ。

「自分にはない能力を期待して君たちを採用した。私を超えていってほしい。私はお金づくりにエネルギーを注ぐから、君たちはそのお金を使ってアイデアを出すという契約を守ってほしい」

給料自己申告制により、社員のモチベーションは高まり、少数精鋭の組織ができ上がっていった。

これは「人が集まらない会社」にとっては、今でも有効な方法ではないかと思う。

成功のヒント② 通販に目をつけたコンドーム販売

「買いづらい」という顧客ニーズに着目

前述したように、私が学生時代に最初に起こした事業がコンドームの通信販売だった。

今では笑い話になるが、当時は学生がコンドームを扱うというのは、あまり表立って言える話ではなかった。自分でも恥ずかしいという思いはあった。

こうしたことも含めて、そのビジネスのポイントは「意外性」にあった。

当時、コンドーム販売における最大のネックは「買いづらい」ということだった。今のように、自動販売機などなかったし、コンビニエンスストアもなかった。町中に自動販売機でも置こうものなら、ＰＴＡの連合会にバッシングを受けるような時代だ。コンドームは薬局に行って対面販売で買うしか方法がなかった。

そこで、当時雑誌広告などを利用して少しずつ始まっていた「通信販売」という形をとることにした。通販であればメーカーも在庫をさほど持つ必要はない。

商品はメーカーから買うよりも問屋から買ったほうが安い。現金払いであればさらに安くなった。だから、品物は問屋から現金で仕入れた。

いちばん手間がかかったのが郵送だ。それを私たち学生３人で手分けして行った。内職仕事のようなものだった。

今も昔も同じだが、通販ビジネスでは店舗を持たないため、成功の鍵を握るのは広告宣伝である。

最初は、新聞折込広告を使った。チラシを作ってエリアを決めて配布した。チラシにはサービス券を付けて「10枚集めたら1ダース進呈」と宣伝した。

次に、宣伝媒体として新聞に広告を出すことにした。

広告のコピーは既存のものを使用した。

この時代、食糧確保や母体保護の観点から、家族計画や計画出産の必要性が叫ばれていた。避妊薬の広告でも、子どもは2人で、幸福な生活のために計画的に子どもをつくるよう謳《うた》われた。つまり、コンドームは3人目の子どもの産児制限のためのものだったのだ。

私が扱ったコンドームは「サンシー◯◯」という名称だった。メーカーは以前から、それにかけて、広告で「一姫二太郎三サンシー」というコピーを使用していた。

買いづらい商品の注文を取るには、スマートさや注文のしやすさも必要だ。そこで、新聞広告に切り取りの注文カードを載せ、それをハガキに貼って送ればよいようにした。

広告を出すと、すぐに大きな反響があった。こうして、私が最初に手がけたビジネスは成功を収めた。

この事業が成功した最大の理由は、「切実に必要とされている商品だが買いにくい」という点に目をつけ、顧客の問題解決の手伝いができたということだった。

成功のヒント③　学生時代に車のトップセールスに

得意分野で自分を売り込む

すでに少し触れたが、私は学生時代に車のセールスの仕事をしていたことがある。

私が大学生だったのは１９５０年代。高度経済成長期が始まり、日本も車社会へと移行していく時代だった。

しかし、国民にとって自家用車はまだ高嶺の花だった。

そこで１９５５年、通商産業省（現在の経済産業省）が自動車の普及を促すために、誰にでも買いやすい車をつくるとのかけ声で「国民車構想」を発表した。

国民車構想というのは、国が直接または間接的に関与して大衆車を生産するという計画で、日本におけるモータリゼーションの走りとなる構想だった。

国民車の条件は、最高時速１００km以上、定員４人、エンジン排気量３５０〜５００cc、燃費30km／L以上、販売価格25万円以下とされた。この条件を満たす自動車を募って、試作車の試験で量産に適した1車種を選定し、財政資金を投入して育成を図るという構想だった。

この構想の影響を受けて開発された大衆車がトヨタのパブリカ、富士重工業のスバル３６０、マツダ・Ｒ３６０クーペなどだった。

トヨタはパブリカの量販体制を確立するため、既存の販売店とは別にパブリカ専門の販売チャネルを新設した。大量に売るため、販売店は全国に展開された。

私はそのパブリカ専門店の一つが出していた募集広告を見て、セールスのアルバイトをすることになったのだ。

もともと車は好きだった。17歳でバイクの免許を取った。当時は、バイクの免許で軽自動車を運転することができた。そして、学生時代から自分の車を持っていた。

だから、車については多少なりとも自信があった。

その販売店では基本的に正社員を募集していた。私は面接に行き、「たくさん売りますから！」とアピールした。

学生のアルバイトを募集していたわけではなかったので、「明日また来てください」と言われた。そのあと、採用するかどうするか会議で検討して、「売るというのだからやらせてみるか」という話になったのだろう。

こうしてアルバイトをすることになったが、先輩セールスマンなどは明らかにこちらを馬鹿にしていた。「学生に売れるはずがないだろう」と。

しかし、私はこのパブリカ販売の仕事で、その販売店でのトップセールスを記録した。

顧客の「ペインポイント」を探り当てる

車のセールスは基本的に飛び込み営業だった。歩合制だったので、売れば売っただけコミッションがもらえた。

なぜ、それほど売ることができたのか？

お客さんに車を売り込むために、私は2つの仕掛けを行った。「ここは頭の使いどころだ」と思った。

大衆車とはいえ、まだまだ一般の人にとってマイカーは高価で簡単に手を出せる買い物ではなかった。

軽自動車とはいえ価格は30万円台。大学卒の初任給が10万円以下の時代だ。ローンを組まなければとても買えるものではなかった。

当時、ローンは今と違い、クレジット会社ではなく販売店と直に契約する制度だった。そして、銀行がOKを出さないかぎり、ローンを組むことはできなかった。

私は、まず銀行へ行き、ローンを組んで車を購入する人に融資してもらえないかと交渉した。

当時お金がなかったが、「定期預金をつくり、何か問題があったらここから引いていいと一筆書くから」と説得した。

その結果、銀行の担当者は協力的になり、「ローンを組む際に抵当権を設定すれば融資します」という言質をとることができた。

ローンを組んで高い買い物をする場合、銀行が大きな難関だった。そこを先回りして解決しておくことで、車を買うハードルがぐっと下がったのだ。

次に向かったのは自動車教習所だった。

まだ免許証はないけれど車が欲しいという若者も多く、早く免許をとれるようにすることで車が売れるだろうと考えた。

そこで、「免許を取りたいという人を教習所に紹介するから、早めに免許がとれるようにしてくれないか」と交渉し、優遇してもらえるとの了承を得た。

こうして「ローン」と「免許証」の2つをセールストークの武器に、私は売り込みを行い、先輩セールスマンを出し抜いて、高い営業成績を上げたのだ。

誰もが車を欲しがっていた時代だ。「銀行と教習所を手懐ければこっちの勝ちだ」と私は確信していた。逆に「みんな、どうして売れないんだろう?」と不思議だった。

売上が多かったときは30万円近く歩合給をもらった。それこそ軽自動車が買えるほどの金額だ。

結局はアイデアだ。事業もセールスもすべてはアイデア次第なのである。

そのアイデアの要諦は、「顧客ニーズ」と「ペインポイント」（お金を払ってでも解決したいポイント）を探り当て、それを解決する方法を開発するということだ。ここにはペインポイントを探り当てる一種の勝負勘も必要になるだろう。

「欲しいけれども買うにはネックがある」という場合、顧客の問題を解決してやれば自然と売れるわけである。

言い方を変えれば、「買ってください」と正攻法で攻めるのではなく、〝周りを固める〟あるいは〝外堀を埋める〟ことで、買えない理由を消していくという発想である。

また当時、車を運転する人はまだ多くはなく、みな運転が未熟だった。

運転が不安な人はボンネットの先に旗のようなものを立てていた。今で言う初心者マークだ。

それを付けるにもお金がかかる。また、シートカバーなどいろいろなオプションを付けてほしいという顧客も少なくなかった。

それらも買ってもらうわけだが、販売店から購入すると高くつくので、自分のコミッションを使ってよそから安く買ってきて、装着まで行うというサービスをした。タダでオプションを付けてもらえるわけだから、顧客には感謝された。それでまた次のお客さんを紹介してくれるということもあった。

成功のヒント④ 通学電車で閃いた「動く中吊り広告」

「興味を持つこと」がアイデアの源泉

学生時代、ある有名製菓会社の宣伝部で仕事をしたこともあった。
きっかけは、その製菓会社の受付の女性にお願いして、彼女から社長室の秘書を紹介してもらったことだった。学生でありながら、社長と直接話をしたいと思ったのだ。

そのとき私はあるアイデアを持っていた。

そのアイデアというのは「動く中吊り広告」だった。

今でこそ、電車でときおり動く中吊り広告を見かけるが、当時はそんなものは存在しなかった。

電車で通学しているときに、吊り革が電車の揺れに合わせて動く様子をなんとなく見ていて閃いたのだ。「あの動く慣性を利用して何かできないかな?」と。

吊り革は電車の動きに合わせて横に動く。それに対して、中吊り広告は電車の進行方向と同じく縦に動く。その縦の振り子状態を利用して、面白い広告ができるのではないかと思いついた。

たとえば、チョコレートの広告で、商品は動かさず、子どもの顔を動かすことでチョコレートを食べている様子を再現して商品をアピールする。ポイントは、人の顔を動かすことで、より商品を目立たせることができるということだ。

われながら画期的なアイデアだと思った。

だが、結果的には未完成で終わってしまった。

電車に乗るとみんな窓を開けるものだから、風が入ってきて、車内に不規則な空気の流れができてしまうのだ。それで、狙った動きが再現できず、中吊り広告を設置する人に「面倒だ」と言われてしまった。

その後も、他の製菓会社やビール会社などの企業に飛び込みで売り込みに行ったこともあった。車の飛び込みセールスや、呼ばれてもいないのに企業に売り込みに行った経験を通して、度胸がついたし、メンタルは強くなった。

最近、電車に乗ると、「ああ、似たような発想の中吊り広告があるな」と思う。

時代が早すぎたのかもしれない。

私が動く中吊り広告を思いついた理由は、電車に乗るときなど普段からアイデアを常に考えていたということがある。

要は、何にでも興味を持つということが重要だ。

何にでも興味を持っていれば、強いてアイデアを考えようとしなくても、何かを見たときに脳のほうが勝手に反応して動き出してくれる。

普通であれば電車の吊り革が動いても気にも留めない。せいぜい「線路が悪いから揺れているのか」としか思わないだろう。

たしかに、線路が悪いから慣性が働いて吊り革が動いたのだが、私は動く吊り革の向こう側にある中吊り広告に目が行った。つまり、振り子のような吊り革の動きと中吊り広告を結びつける発想がなければ「動く中吊り広告」というアイデアにはたどりつかない。そうした閃きと想像力が大事なのである。

1を知って10くらいの発想ができれば、良いアイデアが生まれるはずだ。

成功のヒント⑤　セブ島でのビザ延長のサポート

現地の日本人向けサービスで海外起業

私は現在、セブ島でも独自のビジネスを行っている。

セブのイミグレーション（入国管理局）のあるJセンターモール２階で、日本人をサポートする「ジャパン支援センター」という会社を運営している。

ジャパン支援センターは、入国管理局から公式な代理店として認定を受けており、日本とフィリピン両国の各省庁とも連携している。

業務は、就労ビザやリタイアメントビザ（35歳から取得可能）の取得手続き、観光ビザの延長手続きを中心に、現地年金受け取り手続き、語学留学、不動産投資・契約、創業支援、顧問弁護士による法律相談など幅広く日本人をサポートしている。

これらは煩わしい手続きやさまざまなリスクが発生する。しかし、これまで日本人向けに特化してこうした総合的なサポートを提供する会社は存在しなかった。

ビザの延長をするために入国管理局へ行くと、とにかく待たされる。「これを代わりにやってあげれば商売になるな」。単純にそう思ったのが始めたきっかけだった。

長年の経験から現地事情を把握していた私は、「これは絶対にニーズがある」と踏んだ。なかでも、ビザの延長手続きサポートは日本人旅行者に広く利用していただいている。

フィリピンでは、日本人は観光ビザを取得していなくても、入国日から30日の滞在許可が与えられているが、その後30日以上滞在する場合は観光ビザの延長が必要だ。

観光ビザは最長で3年間延長可能だが、12か月以上滞在の延長時には入国管理局長の承認が必要な場合もある。

また、就労ビザの延長・更新手続きは取得までの期間が3～6か月と長くかかるし、有効期限が切れる3か月前から延長手続きを始めなければならない。

いずれにしても、ビザ延長の手続きはなかなか面倒だ。しかし、ジャパン支援センターを経由するとスムーズに進むというメリットがある。

現在、顧客の90％は日本人である。セブ島に来る日本人の問題を解決するサービスを幅広く手がけることで、ビジネスは多方面に広がっている。もちろん、セブ島で起業を考えている日本人のサポートも行っている。

海外で現地の日本人を顧客対象として各種サービスを提供し、成功を収めているケースは多い。このへんにも海外での起業アイデアのヒントがある。日本でビジネスとして成立しているものなら、基本的に海外の日本人相手でも成り立つ可能性は十分にあるだろう。

Part 3

持たざる者から
首相に登りつめた
田中角栄に学ぶ成功術

人を見て、先を見通す天才・田中角栄

私には２人の尊敬する人物がいる。もはやファンと言ってもいい。

１人は作家で元東京都知事の石原慎太郎、もう１人は田中角栄元首相である。２人の生き方に私は深く共鳴している。

かつて、石原慎太郎は田中金権政治を批判する急先鋒だったが、本人に対しては強い尊敬と愛情を感じていたという。田中角栄の生涯を一人称で綴った小説『天才』がベストセラーになったことは記憶に新しい。

田中角栄は雪国の貧家に生まれ、尋常高等小学校しか卒業していないにもかかわらず、総理大臣にまで登りつめた。

日本列島改造論を提唱し、日中国交正常化を実現するなど、圧倒的なスケールで昭和を駆け抜けた戦後最大の宰相である。

若い人には、金権政治と晩年のロッキード事件の被告としてのイメージが強いかもしれない。

だが、日本を豊かにし、時代を大きく動かしたその功績は近年、多方面から再評価され、彼のような強烈なカリスマ性を持った政治家の待望論も起こっている。

前述したように、私は若い頃にアラスカの冒険旅行の資金を貯めるためにタクシー運転手の仕事をしていた。

そのときに知り合った友人が、田中角栄の娘で国会議員である田中真紀子の子どもの家庭教師をしていた。その縁で、私は田中真紀子とも知り合うことになった。

これもすでに述べたが、私が政治活動にかかわる出発点になったのは、元衆議院議員で政治評論家だった麻生良方の秘書を務めるようになったことだった。

麻生事務所ではさまざまな政治家を招いて話してもらう講演会をよく主催していたが、

田中角栄、田中真紀子の両者にもゲストで来てもらったことがある。

田中真紀子も歯に衣着せぬ物言いをするが、何を言っても悪気がなく、あっけらかんとしている。角栄のＤＮＡが見事に受け継がれているのだ。

田中親子の存在は、私の人生にも直接・間接に強い影響を与えている。

田中角栄について、石原慎太郎は「人を見て、先を見通す天才だった」と述べている。究極の「人たらし」と言われ、政敵さえも虜にする人間的魅力と人心掌握術を備えていた。

そんな田中角栄は、数々の名言を残している。

その言葉には含蓄《がんちく》があり、学ぶべきことが多い。そこには、ビジネスにも役立つ心得や、人生への向き合い方のヒントがあふれている。

ここでは、田中角栄の語録を私なりに解釈して紹介していきたいと思う。なお、各項目冒頭の田中角栄の言葉は、『田中角栄　１００の言葉』（宝島社）より引用転載させていただいた。

角栄の言葉

批判を恐れず仕事をする

仕事をするということは文句を言われるということだ。

ほめられるために一番良いのは仕事をしないこと。

しかしそれでは政治家はつとまらない。

批判を恐れずやれ。


角栄は毀《き》誉《よ》褒《ほう》貶《へん》の激しい人物だった。反対勢力やマスコミからは激しく批判された。

だが、彼はそんなことは歯牙にもかけず、こう言った。

「悪口が書かれているうちは田中角栄は健在である」

若手議員にも常々こう言っていた。

「大きな仕事を手がける上で批判はつきものだ。その評価をくつがえすだけの仕事をして結果を出せばよい。批判を恐れて何もしないことこそ〝悪〟である」

彼は「人が動けば必ず文句を言う者が出てくる。文句を言われるのが嫌なら、政治家にならるな」と言った。

この〝政治家〟という言葉を〝リーダー〟あるいは〝社長〟〝起業家〟と言い換えてもいいだろう。

なんとなく一般に、「仕事をする」ということは喜ばれたり、褒められたりすることだというイメージがある。批判や文句を言われるのはマイナスなことだと考えがちだ。

批判を受けたくなければ何もしないのがいちばんいい。波風も立たない。だが、それでは仕事をしているとは言えない。

行動を起こすからこそ摩擦や軋轢《あつれき》が生まれる。そこに批判や文句はつきものなのだ。

角栄は「悪口を言われなければ仕事をしているとは言えない」とまで言っている。

前例のないアイデアや大きな仕事を実現しようとすれば、批判されることなど承知の上。最終的に、結果で見返してやればいいのである。

角栄の言葉 すべての責任は自分が負う

できることはやる。
できないことはやらない。
しかし、すべての責任はこのワシが負う。以上！

1962年、大蔵大臣に就任した角栄が、居並ぶ官僚を前に語った就任演説は「伝説のスピーチ」と言われている。

「私が田中角栄であります。みなさんもご存じのとおり、尋常小学校高等科卒業でありす。諸君は全国から集まった天下の秀才で、財政金融の専門家ぞろいだ。私は素人ではあるが、トゲの多い門松をたくさんくぐってきており、いささか仕事のコツは知っているつもりであります。これから一緒に国家のために仕事をしていくことになりますが、お互いが信頼し合うことが大切だ。

したがって、今日ただ今から、大臣室の扉はいつでも開けておく。われと思わん者は、今年入省した若手諸君も遠慮なく大臣室に来てください。そして、何でも言ってほしい。上司の許可を取る必要はありません。できることはやる。できないことはやらない。しかし、すべての責任はこの田中角栄が背負う。以上！」

このスピーチ一発で、エリート大蔵官僚たちはハートをわしづかみにされてしまった。事なかれ主義の官僚たちも「今までにない大臣だ」と心酔し、やる気を出した。

「責任は自分がすべて取るから、やりたいことはやれ」――。

これは角栄の優れた人心掌握術の根幹となるスタンスだった。

リーダーたるもの、こうした姿勢を貫きたいものだ。

角栄の言葉

挨拶がわりの一言で人心をつかむ

メシ時にはしっかりメシを食え。

シャバにはいいことは少ない。

それを苦にしてメシが食えないようではダメだ。

腹が減っていては、大事なときに戦はできない。


「おい、メシ食ったか！」

これも角栄の人心掌握術を示す有名な言葉だ。

彼の挨拶がわりの口癖だった。

朝、記者などと顔を合わせたり、大臣室に人がやってきたり、見知らぬ人に対しても必ずこう声をかけた。食べていない人を議員会館の食堂に連れていき、「これを食べなさい」

と食事をご馳走してくれることもあった。

政治の世界という修羅場を生き抜く上で、腹が減っていたのでは勝負にならない。そのことを角栄は体で痛いほどに知っていた。

若い頃、貧しかった角栄はコメの飯を食べることがままならなかった。毎朝、コメを食べられることのありがた味が彼の原点にあったという。

この言葉は田中角栄という人間の本質を示している。

「食べる」ということは人間の生活の基本だ。そして、角栄にとって「政治とは生活」だった。

空きっ腹のつらさを切実に知る角栄にとって、政治の最大の目的は「人々が食える」ということだった。

「メシ食ったか！」

そう声をかけられた者は、誰もが「メシまで心配してくれるのか。ありがたいことだ」と思ったという。

角栄の言葉　自分の言葉で、結論から話す

用件は便箋1枚に大きな字で書け。

初めに結論を言え。

理由は3つまでだ。

この世に3つでまとめきれない大事はない。


角栄は〝「わかった」の角さん〟と呼ばれていた。大量の陳情と政治案件を処理しなければならなかった彼は、長々と話をされるのを嫌った。

実は、この言葉は次のように続く。

「長話は女性に任せておいたらどうだ」

角栄は合理性を大事にした。

「大切なこと、物事の本質はいつも平易で短く表現できる」というのが持論だった。

そして、角栄は膨大な仕事を抱えていたから、口で言っても忘れてしまう。便箋1枚に大きめの字でメモをしろと言った。

まずは結論を言え――。

これはビジネスにも通じる大事な教えだ。

ビジネスとは「Time is money」である。最短コースを段取りよく進まなければならない。

まず結論から述べることで、大幅に時間を短縮することができるのだ。

結論が見えない長話で、枝葉末節ばかりに目が行ってしまっては誰にも相手にされない。

ビジネスシーンでも、デキる人物は話が手短かで、スピーディーに物事を処理する。

そして、理由は3つに限定する。

世の中、3つほどの理由をあげれば、大方の説明はつく。

これは、スポンサーに対して、エレベーター・トークやプレゼンテーションを行う場合にも応用できる。

たとえば、こんな具合だ。

「社長、私が考えたのは○○○というアイデアです。理由は3つあります。ひとつは～」

ビジネスでは話し方ひとつで結果が変わる。話は簡潔、平易、明快でなければならない。

角栄はまた次のようにも言っている。

「わかったようなことを言うな。気の利いたことを言うな。そんなものは聞いている者は一発で見抜く。借り物でない自分の言葉で、全力で話せ。そうすれば、初めて人は聞く耳を持ってくれる」

角栄は陳情団が来ると、話を聞いて、「できる」「できない」を必ずその場で判断した。曖昧な返事は一切なく、受けられるものはイエス、どう考えても無理なことはノーと常に即断した。1件の陳情にかける時間はわずか5分だった。

「ノーというのは勇気がいる。しかし、逆に信頼度が高まることも少なくない。中途半端な期待感を抱かせると、ダメだったときの失望感は初めにノーと断られた以上に強くなる。イエス、ノーはなるべく早くはっきり言ったほうが、長い目でみれば信用されるということとだ」

「できる」と判断すれば、「わかった」と言って即座に対応した。

彼の言う「わかった」というのは、政治家がよく使う「前向きに検討する」とか「善処する」というニュアンスではなかった。「その陳情を引き受けた」「対応可能だ」という意味だった。

そして、その場で関係省庁の決定権者に電話をかけ、陳情内容を指示した。

「この案件は誰？　○○課長？　じゃあ、課長にちょっと代わって。……今から○○という人が△△の件でそっちに行くから、話を聞いてやってくれ」

これには陳情団のほうが驚いて恐縮したという。省庁の役人のほうも、角栄と直接話ができる機会など普通はない。「わかりました」と二つ返事で引き受ける。

こうして物事がスムーズに進んでいく。

人間の心理の機微を知り尽くした上でのこの行動力。まさに角栄の面目躍如といったところである。

角栄の言葉 自分にも相手にも誠実に向き合う

ウソをつくな。すぐバレる。

気の利いたことを言おうとするな。あとが続かない。

お百姓衆を侮って小馬鹿にするな。シッペ返しされる。


屁理屈で人間は動かない。人間を動かすのは理性ではなく、情熱であり、飾らない言葉だということを言っている。

これはビジネスにも通じることだ。小手先のテクニックでは相手の信頼を得ることはできない。

仕事を進める上で重要なのは、ウソをつかず、背伸びをせず、相手を見下さずに誠実に向き合うことである。

角栄は演説の名人と言われた。そのスピーチは「角栄節」と言われた。人を動かし、歴史を動かした名演説がたくさんある。

だが、気の利いた借り物の言葉は一切使わなかった。すべて、自分が体験し味わった上での生身の言葉で話した。

そして、この冒頭の「ウソをつくな～」という言葉のポイントは「お百姓」に言及していることだ。

言うまでもなく、角栄の地元は米どころである新潟だ。その政治の原点は故郷にある。彼は常々、「新潟のお米は美味しい」と内外で褒めていた。自分を応援してくれるのが誰かをよくわかっていた。

角栄は世知に長けた人間で、すべては計算されていたと言われる。だが、その計算は「市井の人」を大切にしようという温かさから生まれたものだった。

彼は庶民の顔を立てる天才でもあったのだ。

角栄の言葉

相手の目を見て大きな声で話す

相手の目を見て大きな声できちんと話せ。
キョロキョロとして相手の目を見ないのはダメだ。
声が小さいのは信用されない。

「まぁ、その～」という前置きと独特のダミ声で知られた角栄は、話すときは常に全力。その声はとにかく大きかった。

だが決して威圧的ではなく、その声で相手を取り込み、惹きつけてしまう。その押し出しが角栄の魅力だった。

大臣室などに大事な陳情客が来ると、ドアを閉めるよう秘書に命じたが、角栄の声が大きいために大事な話も外に筒抜けだった。

サシでのやりとりは眼光鋭く、相手をじっと見つめながら明快な論旨で話したという。角栄といえば演説の名人として語り継がれるが、「一対一で会うと必ず取り込まれる」というエピソードも残っている。

彼は究極の「人たらし」だった。

話し相手の信用を得るには、相手の目を見て、はっきりと大きな声で話すこと。

これもまたプレゼンテーション、コミュニケーションの基本である。

物事を相手に伝える場合、話す内容もさることながら、話し方も非常に重要だ。視線が泳いで、自信なさげに話すような人間の話などには誰も耳を傾けてはくれない。

そして、自信を持ってプレゼンテーションをするためには、繰り返しになるが、自分のアイデアなどについての入口から出口までのストーリーをしっかりと描いておかなければならない。

角栄の言葉 好き嫌いで人を判断しない

優れた指導者は人間を好き嫌いしない。
能力を見分けて適材適所に配置する。
肝心なのは大事を任せられる人を見つけることだ。

角栄は、その透徹した眼力で人の能力を見分けて適材適所に配置する指導力にも長けていた。

そのため、質量ともに日本一のブレーンと人材に恵まれた。角栄は自らの派閥を「総合病院」と評した。田中派には農業、外交など各分野で角栄のメガネにかかった政策のエキスパートが集まっていて、どの省庁の政策にも対応できた。

政治にも仕事にも共通するのは、「いかに人を動かすか」ということである。人を見出し、人を動かせる人間が優れたリーダーだ。

角栄は好き嫌いで人や物事を判断しなかった。党のため、政策を実行するためにはこの人物が必要だと思う者はすべて面倒を見た。

だが、好き嫌いで人を判断しないというのは、言うは易く行うは難しである。

人間だから、どうしても好きな人間を優先しがちだ。それはある程度は仕方がないと思う。

ただ、大事なのは、好きだからといって盲目的に贔屓《ひいき》をしないということだ。

たとえ好きな人間であっても、何か問題を起こしたら徹底的に叩く必要がある。そうした冷徹な部分もなければビジネスは成り立たない。

角栄の言葉

顔と名前を覚えることで人心をつかむ

役人の顔や人脈ぐらいはよく覚えておけ。5年、10年たってぃっぱしの大臣になったとき「君、見たことないな」では話にならない。

角栄は人の顔と名前、プロフィールを覚えることに並々ならぬ精力を傾けた。会った人のプロフィールはメモして頭に入れた。

とくに、最も苦労し、気を使ったのはエリート集団である官僚の操縦術だった。夜、枕元には「政官要覧」と各省庁の幹部名簿を置き、役人の出身地や出身校、同期のつながりなどを記憶した。

さらに、官僚の入省年次から家族構成などまで頭に入れ、夫人の誕生日には花を贈るなどの気配りを行った。

役人に「君、今日は奥さんの誕生日じゃなかったか？」と言って、「奥さんに何か買って帰りなさい。これはワシからのプレゼントだ」とお金を渡すこともあったという。これは収賄ではないから、役人も断れない。

あるいは、仕事で目白の田中邸を訪れた官僚に対して、親しげに「おう、そういえば来年は息子が受験だったな」と声をかける。

官僚は「そこまで情報を知られているのか」と真っ青になったそうだ。

「お前のことはよく知っているぞ」と凄味を利かせることで、官僚は背筋が伸びる。一方では、評価されていると感じ、やる気を出すという効果もあった。

次のようなエピソードもよく知られる。

ある年の正月、田中邸に若手議員や役人たちが年始の挨拶で集まっていた。その際、部屋の隅のほうに地味な姿をした控えめな男が立っていた。建設省の官僚ＯＢだった。

角栄はその場にいた若手議員たちに向かって、

「君たちは若いから知らないかもしれないが、彼は建設省ＯＢの○○君といって凄い男なんだぞ。あのときは、一緒に徹夜していろいろ法律をつくったよなあ！」

と、その官僚ＯＢがどれほど有能だったかを話して聞かせた。

周囲の彼を見る目は一気に変わった。

黒子役の官僚が、自分の仕事を政治家に評価してもらうことがどれほど嬉しいか。角栄はそのことをよく知っていた。

こんなリーダーだったら、部下は「ついていきたい」と思うだろう。見事な人心掌握術である。

角栄が東大卒のエリート官僚たちを手足のように動かして仕事ができたのは、役人たちがどうすればやる気を出すか、その心理を熟知していたからだった。

角栄の比にはならないものの、私たちもビジネスでは多くの人に出会う。ぜひ、相手の顔と名前、プロフィールなどを覚える努力をしたいものだ。

ただ、ときには顔はわかるけれど名前が思い出せないということがあるだろう。

そんなときは、角栄のテクニックが参考になる。

角栄でも相手の名前を忘れてしまうことがあった。その場合、「君、名前は?」と聞いた。相手が「佐藤です」などと名乗ると、「バカモン! それは知っとる。下のほうの名前だ」と言って、まんまと相手の名前を聞き出してしまうのだ。

また、角栄は冠婚葬祭で「葬儀」を最も重視していたことでも知られる。

「祝い事には遅れてもいい。ただし、葬式には真っ先に駆けつけろ。人が悲しんでいるときに寄り添うことが大事なんだ」

不幸があれば、葬儀場へ真っ先に向かい、人目もはばからず涙したという。

通産大臣時代に、角栄の関係者が亡くなったときの秘書官との次のような会話が伝わっている。

角栄は秘書官にこう尋ねた。

「おい、○○君、今日は誰かの葬式がなかったかね。俺の記憶ではあったような気がするんだが」

「はい、たしかに今日はお葬式があります。しかし、今日は産業構造審議会です。こちらのほうが通産相としてお葬式よりも重要な行事なので、そちらを優先しました」

秘書官がこう答えると、角栄の顔色がわずかに変わった。そして、感情を抑えながら静かにこう言った。

「これが結婚式だったなら君の判断は正しい。新郎新婦に改めて祝意を伝えに行けば問題はない。だが、葬式は別だ。亡くなった人との最後の別れの機会だ。二度目はない。今日、審議会があってダメなら、なぜ昨日のお通夜に行く日程を組まなかったのか」

結局、角栄は審議会が始まる前に葬儀場に立ち寄ることができたという。

重要な会議よりも葬式を優先する。人との関係を大事にする角栄の人柄がよく表れているエピソードだ。

角栄の言葉

「返事」は人間関係の基本

必ず返事は出せ。
たとえ結果が相手の思い通りでなかったとしても
「聞いてくれたんだ」となる。
これは大切なことなんだ。

角栄が権勢を誇っていた頃、東京・目白の田中邸には連日400人以上の人が陳情に訪れていた。これは「目白詣で」と呼ばれていた。とくに地元・新潟の人たちは、バスで東京観光を楽しんだあと、田中邸を訪れて陳情するというコースが定番だった。

だが、いかに今太閤と言われた角栄でも、すべての陳情を「よっしゃ、よっしゃ」と引き受けることはできるわけがない。

陳情を受けても実現できなかった場合もたくさんある。だが、角栄はその陳情に対して、後日、必ず返事を出すことを心がけていた。

そうすることで、陳情を寄せた人は、たとえ結果が希望どおりではなかったとしても、「あの田中角栄が話だけでも聞いてくれた」と思う。

仕事をしていると、人から頼まれ事をされることは多い。その依頼に答えられればいいが、希望を叶えられないこともある。

そんなとき、言いにくかったり、「断られた」という悪評を恐れたりして、何も返事をせずに済ましてしまうことがないだろうか。これは最悪の対応である。

人に頼まれ事をされたら、希望に添えなかったとしても、必ず自分からその結果を伝えるようにしたい。時代が変わっても、それが最低限の礼儀であり、信頼関係を取り結ぶ第一歩になる。

そして、そういった信頼を積み重ねていくことで、それがやがて大きな人脈となり、自分を助けてくれることもある。

角栄の言葉

真理は常に「中間」にある

世の中は白と黒ばかりではない。

敵と味方ばかりでもない。

その間にある中間地帯、グレーゾーンが一番広い。

真理は常に「中間」にある。


角栄はあるとき、秘書の早坂茂三にこう質問した。

「頂点を極めるためには何が必要か?」

早坂は「味方を増やすことです」と答えた。

それに対して角栄は「違うな。その逆だ。敵を減らすことだ」と言った。

さらに続ける。

「これを長い間、続けていけば敵が減る。多少なりとも好意を寄せてくれる広大な中間地帯ができる。こうして大将になるための道が開かれていく」

ここには、日本人の本質を見抜いた角栄独特の人生の極意がある。

つまり、AともBとも分けられない中間の世界があるということ。これは仏教の教義でもある。人の心も相反するふたつの気持ちが混在している。

角栄はこう考えていた。

「この世に絶対的な価値などはない。ものはすべて比較だ。外国人は物事を白か黒かと割り切ろうとするが、シャバはそれほど単純じゃない。黒と白の間に灰色がある。どっちとも言えない。真理は中間にある」

佐藤栄作首相の後の天下取りで、総理の座を争ったのは同じ佐藤派の福田赳夫だった。この熾烈な争いは「角福戦争」と呼ばれた。数でいうと佐藤栄作はじめ福田支持が多かった。そこで、角栄は「中間派」が少なくないことを嗅ぎつけ、切り崩しにかかった。こうして総理の座を射止めたのだ。

そして、角栄には「敵をも味方にしてしまう力」があった。

自分と対立する人間の考えにも耳を傾け、そうした人間に理解と協力を求めた。

ときには敵対する相手にも塩を送った。そして、貸しをつくるのだ。

角栄は中曽根康弘元首相とあまり仲が良くなかった。あるとき、中曽根が外交のための中国訪問を希望しているという情報が伝わってきた。角栄はすぐに中国の要人への紹介状を書いて中曽根に送った。中曽根は大喜びしたという。

こうした田中の手法はビジネスの世界にも通じることだろう。

正真正銘の「味方」というものは得難い。無理につくった味方は、いったん風向きが変われば、あっという間に離れていく。

自分に賛成する側、対立する側の声は耳に入りやすいが、それ以外の「中間層」の意見は軽視しがちだ。だが、実は最も広いのはこのグレーゾーンである。

大事なのは、このサイレントマジョリティーである中間層を重要視することだ。

敵に塩を送ることも重要なビジネス戦略になる。ライバルを助けたことで、自分がのちに救われることもあるからだ。

角栄の言葉

人の悪口を言うな

人の悪口は言わないほうがいい。
言いたければ便所で1人で言え。
自分が悪口を言われたときは気にするな。

「1人に誰かの悪口を言えば、すぐ10人に広がる」と、角栄は人の悪口を言うことを徹底的に嫌った。相手が対立関係にあっても悪口を一切言わず、まず長所を褒めてから、批判意見を述べた。

角栄は、田中派の集会の席でこう言って怒りを爆発させたことがあった。

「私がかつて人の悪口を言ったことがあるか！　誰か一度でも人の悪口を言ったのを聞いたことがあるか！　私は一度もない」

実際に、角栄は一度でも自ら他人の悪口というものを言ったことがなかったという。政界関係者の誰もが、田中と距離を置く自民党議員や野党でさえ、それを否定しなかった。

1976年に角栄はロッキード事件で逮捕されたが、その経緯においてアメリカの意を受けて暗躍したのが三木武夫元首相だった。

側近たちは「三木にやられた」と口々に非難した。だが、角栄本人は、腹の底では煮えくり返るものがあったはずだが、名指しで三木の悪口を公言したことは一度もなかった。

逮捕・保釈からしばらくのち、角栄は好きなゴルフを再開した。ドライバーを打つときに、「三木のバカヤロー！」と叫んで気合を入れた。「こう言って打つと、よく飛ぶんだ」と冗談めかして笑っていたという。

人の悪口は言わなかった角栄だが、ロッキード事件では連日メディアに激しく叩かれた。角栄は一向に気にせず、ユーモアでかわした。

「カラスの鳴かない日はあっても、田中角栄の悪口を書かない日は一日もない」

「新聞社の諸君は、田中角栄で飯を食っているようなものではないか。たまには、飯の一杯もおごってみたらどうだ」

そして、自分の悪口を書いた記者が訪ねてきても、「よお、入んなさいよ」と差別せず迎え入れた。そして、「彼らは、俺の悪口を言うのが商売だから」といつも口にし、相手を許す度量を持っていた。これが田中角栄なのだ。

悪口は良くないことだとわかってはいても、私たちはつい、人の悪口を言ってしまうことがある。

しかし、「壁に耳あり」だ。ちょっとしたはずみで言った悪口もどのような形で伝わるかわからない。それでのちに大変なことにつながる場合もあることを知っておくべきだ。まさに「口は災いのもと」である。

角栄は口癖のようにこうも言っていた。

「他人のことをとやかく言う前に、まず自分の頭の上のハエを追ったらどうだ」

つまり、自ら語るべき何物かを持たないから、人の悪口なんかに走るのだ、と。

角栄は周囲からとにかくよくバッシングされた。だが、本人に一度でも会ったことのある人は、決して彼の悪口を言わなかったというエピソードも残っている。

角栄の言葉

恩はさりげなく返す

人から受けた恩を忘れてはならない。
必ず恩返しをしろ。
ただ、これみよがしに「お礼に参上した」とやってはいけない。
相手が困ったとき、遠くから、慎み深く返してやるんだ。

角栄は、人に受けた恩や義理をきわめて重く受け止める人間だった。

若い頃に住み込みで働かせてもらった上に夜学に通わせてくれた社長、政策で一歩譲ってくれた野党など、受けた恩や義理はきっちりと返した。

困ったときや苦しいときに、手を差し伸べてくれた人は本当にありがたい存在だ。その恩義は絶対に忘れてはならない。必ず恩返しをする。

ここまでは誰もが考えることだ。

だが、角栄の人心掌握術の凄さはその先だ。

「人間の真価が問われるのは、受けた恩義の返し方にこそある」

私たちは、恩を返すときに「返した」という自分の足跡を残したがるものだ。

そうではなく、さりげなく、気づかれないように返す。

恩は偉そうに返すものではない。「返してやる」ではなく、「返させてください」という気持ち。これが相手からの信用に厚みを増す。

世の中にはソロバン勘定だけで動く人間も多い。彼らは、自分に利益がないことには見向きもしない。だが、そうした連中から人はいずれ離れていく。

似たような名言に、「借りたカネは忘れるな。貸したカネは忘れろ」というものもある。

角栄は金権政治の権化のように批判されたが、現実問題として政治に金がかかるのは間違いない。だが、角栄には独特の金銭哲学があった。

角栄は人間が現金を受け取るときの「後ろめたさ」をよく知っていた。

だから、「人にカネを渡すときは頭を下げて渡せ」と、もらった人に負担をかけない渡し方を心がけたという。

そして、金を渡しても決して見返りを求めなかった。

よく知られる角栄の粋なエピソードがある。

角栄と覇権争いをしていた別の派閥に所属する若手議員が、女性問題で不始末をしでかし、急いで１００万円を用立てなければならなくなった。派閥のボスに借金を頼んだが、貸してくれない。そこで、田中派の議員に相談し、角栄と面談することになった。

話を半分くらい聞いたところで、「いくらいるんだ?」と聞いた。１００万円と答えると「わかった」と一言。30分後、角栄は秘書に３００万円を届けさせた。そこにはこんなメモが添えられていた。

「このうち１００万円で話をつけろ。あとの１００万円で迷惑をかけた人にうまい飯を食わせてやれ。残りの１００万円は万が一の場合のために取っておけ。全額、返済は無用」

若手議員は涙を流し、角栄が死ぬまで忠誠を誓ったという。

角栄の言葉　失敗が人を成長させる

失敗はイヤというほどしたほうがいい。

そうするとバカでないかぎり、骨身に沁みる。

判断力、分別ができてくる。

これが成長の正体だ。


角栄は他人の失敗にことさら寛容だった。

「人間はやっぱり出来損ないだ。みんな失敗もする。その出来損ないの人間そのままを愛せるかどうかなんだ。

政治家を志す人間は、人を愛さなきゃダメだ。東大を出た頭のいい奴はみんな、あるべき姿を愛そうとするから、現実の人間を軽蔑してしまう。それが大衆軽視につながる。それではダメなんだ。

そこの八百屋のおっちゃん、おばちゃん、その人たちをそのままで愛さなきゃならない。そこにしか政治はないんだ。政治の原点はそこにあるんだ」

これが口癖だった。


そして、人が失敗を克服しようと努力する姿を好んだ。

清濁併せ呑むことのできる人間愛の持ち主だった。

その人間性は、自分自身の体験から形づくられたものだった。

今太閤と呼ばれ、この世の春を謳歌した人物だと思われるが、実際には彼の人生は苦労と挫折の連続だった。

雪深い新潟の農家に生まれ、父の度重なる事業の失敗で、少年時代は極貧で過ごすことを余儀なくされた。経済的事情で尋常高等小学校しか出ていないため学歴がない。学校を卒業すると土木工事の現場で働いた。

幼少時から吃音があり、それを克服するために浪花節を練習した。そこから、あの国民を魅了するユーモアあふれる演説が生まれたと言われる。

29歳のとき、総選挙で見事初当選を果たしたものの、その年最愛の長男を5歳で亡くす。多くの人生の修羅場を経験したからこそ、彼の言葉には世襲議員や東大卒の官僚などに語り得ない説得力があったのだ。


すでに述べたが、私は基本的にビジネスには失敗はないと思っている。

なぜなら、「失敗は成功のもと」だからだ。

人は失敗することで学ぶ。そして、失敗を修正して再びチャレンジすることで成功が近づいてくる。

失敗するからこそ成長がある。意味のある「挑戦しての失敗」をしてほしいと思う。

角栄の言葉

運をつかみとれ

人の一生はやはり運だと思う。

実力があってもダメなものはダメ。

努力と根気、勉強、こういったものが運をとらえるきっかけになる。


角栄はエネルギッシュで自信にあふれた政治家だった。だが、よく「これは運だ。しゃあないな」と諦念を口にすることもあった。

「議員というものは努力、勉強をすれば大臣、幹事長まではなれる。しかし、総理総裁となると、そういうわけにはいかない。それはあくまで運による。天が命じなければなることはできないんだ」

「人の人生はやはり運かもしれない。しかし、結局は努力と勉強だ。それが運をとらえるきっかけになる。そのうえで、運を変えてみせるという気概も不可欠だ」

角栄は本質的には「人間は万能ではない」と考える運命論者だった。だが、運をつかむための努力は決して欠かさなかった。

角栄は「コンピューター付きブルドーザー」と呼ばれ、ズバ抜けた記憶力と実行力をもっていた。

だが、その陰で凄まじい努力を重ねていたことも知られている。

角栄は毎晩、料亭などで3つの宴席をこなしていたが、時間が来るとさっと切り上げて帰宅し、夜10時には就寝した。そして、午前2時になると起き上がり、猛勉強を始めるのだった。役所が用意した資料を徹底的に読み込み、事実関係を把握し、データを頭に入れていく。

また前述したように、国会議員や高級官僚などのプロフィールなどを記憶することに精力を傾けた。寝るときの枕元には国会便覧（議員や官僚の情報が載っている）とメモ帳、10本の赤鉛筆が置いてあり、朝になると赤鉛筆の先はすべて丸くなっていたという。

角栄は「努力の天才」とも呼ばれた。

私はこう思う。

運は誰もが平等に持っている。ただ運のつかみ方の上手な人が「運のいい人」と呼ばれるだけだ。

成功するか否かは、運があるかどうかではない。運をもぎとるテクニックを持っているかどうかである。

行動しなければ運は引き寄せられない。そして、努力を怠った人からは運は逃げていく。政治家は運の悪い人には近寄らない。「こいつはダメ」「こいつは大丈夫」というのを本能的に知っている。

ビジネスシーンでも同じだろう。儲かっている会社や人と一緒に仕事をすることが大事だ。

角栄の言葉

相手に逃げ道を残す

相手が立てなくなるまでやっつければ、敵方の遺恨は去らない。
徹底的に論破してしまっては相手が救われない。
土俵際には追い詰めるが、土俵の外に押し出す必要はない。

角栄は容赦のない権力闘争の中で生きてきた。だが、政敵を完全に潰しにかかることはしなかった。

たしかに、敵対する相手は徹底的に追い詰めた。だが、相手が溺れる前に助けの手を差し伸べた。これは武士道にも通じる精神だ。

角栄の度量の大きさ、義理人情に厚い面をよく表わしている。

だが、これは角栄ならではの人心掌握術でもあった。

「溺れる者は藁《わら》をもつかむ」という言葉があるが、角栄はその藁を提供するのが上手かった。

相手を叩いて叩いて、ぎりぎりのところで藁を投げる。相手はそれにつかまる。すると、あっという間に籠絡《ろうらく》されて、自分の懐に入ってくるという寸法だ。

「世の中はほとんどがグレーゾーンでできている」というのも、これに通じる話である。白黒をはっきりつけてしまうと、政治の幅は狭くなり、国会運営はスムーズにいかない。物事がうまくいかない原因は、何でも白黒をつけてしまうからだ。

あえて勝ち負けをはっきりさせずに、相手を生かす余地を残しておく。それがひいては自分を生かすことにつながると角栄は考えていた。

角栄は敵をつくらない主義で盤石の人脈を築いた。田中内閣時代、自民党議員や田中派議員だけでなく、野党にもたくさんの「隠れ田中派」がいたことはよく知られる。

利害が対立すれば徹底的に戦うが、決して相手にトドメを刺さず、最後の逃げ道を残しておく。それによって敵対する相手でさえも取り込んでしまう。それが角栄の凄さだった。

私たちは、自分が正しいと思いこんでしまうと、相手を論破しよう、相手の間違いを徹底的に追及しようと考えて行動しがちだ。

だが、相手を最後まで追い詰めれば敵をつくるだけだ。そういう狭量さが結局は、自分の首を絞めることにつながってしまうことを肝に銘じておきたい。

政治の世界はもちろん、ビジネスの世界も厳しく冷徹な勝負が日々繰り広げられる戦場だ。だが、勝者は絶対に相手の退路を断つべきではない。

言うまでもないが、ビジネスでは「人脈」が物を言う。

人脈づくりには二通りある。

ひとつは自分の考え方を理解してくれる味方を集める方法。

もうひとつは、敵でも味方に引き入れるという目的の人脈づくりである。

人脈とは味方だけではない。「昨日の敵は今日の友」という言葉があるが、ビジネスの世界でもかつて敵対していた会社や人物が、あるときに共通の利害でつながるというのはよくある話だ。

敵を敵として見ているだけでは人脈は広がらない。敵を崩さない限り味方は増えないのである。

いみじくも角栄は言う。

「気に入らない相手でも、全力で向き合ってみることだ。これが相手に対する最大の気配り。真の信頼関係が生まれる可能性が出てくる。ダメな相手でも、突き放して土俵の外に出してしまう必要は全くない。いつか、『よっ、元気か』と声をかけられる仲間になれるときもあるんだ」

また、「敵の敵は味方」という考え方もある。

自分の味方ではないけれど、共通の敵に対抗するためにライバルと手を組んで抱え込んでいくのはビジネスの世界ではよくある話。グーグルに対抗するために、マイクロソフトとアマゾンが提携したのも、「敵の敵は味方」の好例だ。

角栄の言葉 礼を尽くす挨拶

お前は今日からおじぎをされる側ではなく、おじぎをする側に来た。

お前は図体もでかいし、態度もでかい。

さっきの会釈では話にならん。

角栄はいつからあのバカを雇ったんだとなる。


もともと新聞記者だった早坂茂三は長年、角栄の秘書を務めた。

秘書になった初日、早坂は角栄に「おい、お前、おじぎをしてみろ!」と言われた。

早坂はムッとしたが、逆らうわけにはいかない。黙っておじぎをした。それを見た角栄は、「おい、お前、それは会釈と言うんだよ!」と言って、「おじぎというのはこうやるんだ」と、腰を直角に折り曲げ、数秒間その姿勢を保って模範を示したという。

角栄は新聞記者のエリート意識を一喝したのだった。

角栄は何よりも人間関係に気を配る政治家だった。そして、人間関係の基本として「挨拶」や「おじぎ」を重視したという。

親分肌だったが、常に下からの目線で相手と接し、必ず礼を通す姿勢を貫いていた。

角栄の伝説化している次のようなエピソードがある。

政敵の議員の母親が亡くなった際、生花店に依頼して一週間毎日、新しい献花を届けさせた。葬儀は氷雨のなかで行われたが、出棺のときには傘もささず、角栄は最敬礼で見送った。これは当時の新聞でも大きく報道された。

礼を尽くす挨拶。それはビジネスの世界においても人間関係の基本である。

仕事のシーンでは、挨拶をすることで、気持ちの切り替えができるという効用もある。

挨拶の原則は、「自分からする」「立ち止まってする」「はっきり発音する」の3つだ。

挨拶は毎日行う日常的な行為である。だからこそ、他者と差別化できる。

礼を尽くす挨拶ができるかどうか。それだけでも、勝つためのちょっとした差をつけることができるのである。

角栄の言葉

学歴より学問

必要なのは学歴ではなく学問だよ。

学歴は過去の栄光。

学問は現在に生きている。


角栄は尋常高等小学校しか出ていない。つまり、学歴がない。

だが、小学校時代から成績優秀で、尋常高等小学校では「開校以来の秀才」と言われた。旧制中学に進める能力がありながら、実家に資力がなかったため、尋常高等小学校（尋常小学校修了後にさらに程度の高い初等教育を行った学校。義務教育ではない）に進まざるを得なかった。

角栄の記憶力は並外れていた。もともと頭のいい角栄の勉強方法は、若い頃から「暗記」によるところが多かった。少年時代、英和辞典や国語辞典を片っ端から暗記し、頭に入ったページは破って捨ててしまったという逸話も残っている。

大臣になってからは、大蔵官僚が1週間かかって読む財政資料をたった一晩で読み切ったりもした。角栄は資料などを端から端まで読まなくても、要点さえ読めば、書いてあることをすべて理解できたという。

角栄は学歴のないことにコンプレックスを感じたこともあったというが、政治家になってからは逆に「学歴がないこと」を武器として使った。

角栄はこう考えていた。

「人間にとって必要なのは高学歴ではなく、生きるための知恵だ。それこそが〝学問〟である」

この考え方が「学歴無用、されど学問は有用」の名言につながった。

私はまた、こうも思う。人間に本当に必要なのは〝学力〟だ。学力とは自分の頭で考える力、思考力である。

高学歴でも学力のない人間はたくさんいる。今の時代に必要なのは学歴よりも学力だ。今どき、東大を出ても使い物になる人は少ない。単に東大卒だけでは、企業も採用しない。東大を出た男と私立の二流の大学を出た男でも、入社10年後に後者の方が出世するような例はいくらでもある。社会に出れば東大卒など何のハクにもならないのが今の世の中だ。

ただし、「自分はこうなりたい」という明確な意志と目的があり、ゴールまでのストーリーを描ける人であれば、東大卒という学歴にも付加価値があるだろう。そういう考え方にならないと、日本は世界のなかでさらに遅れていってしまう。

そもそも、世界のエリート大学から見れば、東大のレベルなど大したことがない。２０２０年の「ＴＨＥ世界大学ランキング」（世界92か国１３００校以上）では東大は順位を６つ上げたものの、それでも36位だった。

繰り返す。重要なのは学歴ではなく、学力だ。たとえトータルに勉強ができなくても、何か突出した能力があれば人生で勝負ができて、勝ち抜いていけるのだ。

Part 4

人生の勝者になるための成功哲学

頭をニュートラルにして自分探しをする

私はこれまで、起業にチャレンジして成功した人、失敗した人をたくさん見てきた。セブ島へも起業を目指してやってくる多くの日本人がいる。セブ島に来る人は起業家志向が強い。

もちろん、セブ島に来る人の半分は遊びが目的だ。ただ遊んでいる人にはビジネスで成功するチャンスはないだろう。だが、遊びに来ていたとしても、自分に「何か」ができないかと模索している人にはチャンスがあるかもしれない。

要は、夢や希望があるかどうかが大きな分水嶺なのだ。

「普通でいい」と考えている人には、普通の人生が待っている。夢も持てないし、起業もできない。〝普通〟を超える何かを手にしたいという強烈な欲望を持っている人だけが、人生において勝者になることができる。

「ビジネスで成功したい！」と願う人にとって、セブ島というのは格好の場所ではないかと思う。

日本の、たとえば新宿の雑踏のなかで新しいアイデアを考えるのは難しい。追い立てられるような忙しく殺伐とした日常は、私たちから創造力を奪っていく。かといって、図書館で本とにらめっこしていても、新しい発想は出てこない。

アイデアを生み出すには、頭を空っぽにする時間と場所に身を置くことが必要だ。そして、斬新なアイデアの創造には遊び心も欠かせない。

遊び心を満たすことができ、ニュートラルになれる環境。その一つがセブ島である。セブ島に来る若い人の多くは、「何かないかな？」と漠然とビジネスのタネなどを探している。つまり、「自分探し」に来ているのだ。

セブ島は自分を見つめ直す作業をするのに最適だ。日本からひとっ飛びで安く行ける。周りは青い海。自然に囲まれて、のんびりと過ごせる。それに、フィリピン人はフレンドリーで、笑顔を絶やさない国民性がある。そして、英語圏。「人生の休憩時間」を過ごすにはこれ以上望むべくもない環境がある。

自分探しをして、「やる気」が生まれてくれば、一歩前に進むことができる。10の力しかない人に100を求めても難しい。しかし、100の力を持っているが、今までの環境では自分を確立できず、50か60しか発揮できなかった人にはチャンスがある。

自分探しをして、夢を持つ。その夢を実現するために、自分の人生やビジネスのストーリーを描く。そのために、ぜひセブ島に来てほしいと思う。

お金がなくても夢を叶えることができる。人と違うアイデアさえあれば、お金は集めることができるからだ。独創的なアイデアがあればスポンサーはいくらでも探すことができる。

セブ島は、「あ、俺はこういうことがやりたかったんだ」「私は本当はこれがしたかったのよ」という何かに出会える場所でもある。

「語学を学ぶ」などセブ島に来た最初の目的はそれぞれだが、やがて何らかのヒントを得て、それに関連する事業などを起こそうというように考え方が変わっていく人は少なくない。それも、ゆったりとした環境で、自分自身を見つめ直すことができるからだ。

セブ島で語学教室をスタートアップする

近年、東南アジアでスタートアップする日本人が増えている。

「スタートアップ」には「行動開始」「操業開始」といった意味がある。アメリカのＩＴの聖地・シリコンバレーで生まれた言葉だという。日本のビジネスの場では「起業」「立ち上げ」という意味で使われている。

今、世界を動かしているトップ企業の多くが、もともとシリコンバレーでスタートアップして成長してきた。しかし、アメリカは優秀な起業家が集まっており、競争が激しく、成功へのハードルが高い。

そこで近年注目されているのが東南アジアである。ＩＴ産業などが急成長している国も多い。にもかかわらず、まだ競争相手が少ないブルーオーシャンであり、ビジネスを拡大できるチャンスが大きい。先進国に比べて規制やルールが緩く、人件費や物価が安く、英語が流暢《りゅうちょう》でなくても日常会話程度でなんとかなる。この参入のハードルの低さが、多くの起業家を惹きつけている。

そして、起業を目指す日本人が急増しているのがセブ島である。東南アジアのなかでも、セブ島ほど起業を目指す日本の若者が集まっている場所は他にない。

セブ島で起業して成功する日本人は、最初からグローバルな視点を持っている。英語を話して、多国籍チームを組み、斬新なアイデアを即行動に移していくのだ。

視察に訪れる日本企業も多い。経済的に成長著しく、まだまだ伸びることが期待されており、進出を試みたいと考えている企業が増えているからだ。

フィリピンには親日家が多いので、良い関係が築ければビジネスはやりやすいという利点もある。また、日本人の起業家同士の仲間意識が強く、たとえライバル関係にある企業でも経営者は仲が良く、お互いに助け合う傾向が強い。

では、セブ島には具体的にどんなビジネスチャンスがあるのだろう?

筆頭は、やはり語学に関連する事業だ。

フィリピンは世界第3位の英語公用国。国民の9割が英語を話す。

とくにセブ島は近年、「英語力を伸ばせる場所」として認知され、英語の語学留学のメッカになっている。24時間英語に浸れる学習環境にあり、しかも格安で英語留学できる。

最近では、セブ島は「英語を学ぶ」だけでなく、「英語で起業する」という人たちが急増中だ。

セブ島で語学教室を開いて成功したAくんの例を紹介しよう。

Aくんがセブ島に来た動機は、遊びながら語学を学ぶということだった。留学というほどではなく、ごく短期の語学研修である。

セブ島で語学を勉強していると、世界各国から同じような目的でやってきた仲間たちができた。皆それぞれにグローバルな考え方を持っていた。彼らとの交流を続けるうちに、Aくんの頭にひとつのアイデアが閃いた。独立してセブ島で英語教室を開くことにしたのだ。

セブ島では生きた英語を学べるので上達が早い。それに比べ、日本の語学の学習方法ではいつまで経っても英語が話せるようにはならないし、グローバルな考え方も身につかない。かといって、現地の人に習うのもハードルが高く、尻込みしている人もいるだろう。

その点、日本人が経営し、日本人相手に英語を教える教室なら安心だ。

また、率直に言って、セブ島での英語学習は、アメリカに直接行って学習するよりもレベルが落ちる。だが、レベルが低いからこそ日本人には英語が聞き取りやすく、日本人の英語でもなんとか対応できる。ハードルが低いのだ。だから、まずはセブ島で英語を学び、次のステップとしてオーストラリアとかイギリスへ行くというのも手だろう。

「IT留学」から独立開業への道

セブ島で起業を目指す日本人から、今、最も注目されている業種はIT関連事業である。

近年、セブ島はIT技術の進歩が目覚ましく、世界中から多くのIT企業が進出している。

こうしたIT企業では多くの日本人も働いている。

少し前まではＩＴ・プログラミングといえば同じ英語圏であるインドだった。だが、インドは人件費が高騰していることもあり、ソフトウェアなどの会社がセブ島に移行しているという状況がある。

私がセブ島で住んでいるのは「セブＩＴパーク」というエリアだ。ここは経済特区であり、世界中の企業がオフィスを構える24時間眠らないビジネス街。多くの高層ビルが立ち並び、外資系企業、ＩＴ企業が集まるＩＴ情報発信基地ともいえる場所である。

最近、日本人の若者の間でセブ島への「ＩＴ留学」が流行っている。ＩＴ留学というのは、セブ島留学で「英語」を学ぶと同時に、「ＩＴ・プログラミング」の基礎知識も学ぶという一石二鳥の留学プランだ。

このように、プログラミング、ビジネス、語学などを学べる学校は増えている。在学中にＩＴのプロになり、卒業後は独立開業してＩＴ企業を立ち上げたり、エンジニアになるというケースも少なくない。

日本のＩＴ業界では、「ＩＴスキルと英語力がある人材」が圧倒的に必要とされているのだ。

一方、ＩＴ関連の人材ビジネスにも可能性があるだろう。

今、日本では30万人のＩＴエンジニアが不足していると言われ、その状況は今後さらに深刻化していくと予測されている。その解決策として指摘されているのが、「若い日本人エンジニアを増やす」「外国人エンジニアを雇用する」ということだ。

ここにも新たなビジネスチャンスがある。

具体的に言えば、「英語とＩＴスキルのある日本人エンジニアを育成するビジネス」や「フィリピン人のＩＴエンジニアを活用した人材ビジネス」などが考えられる。

実際に、英語とＩＴ技術の両方を教える学校を開いている日本人起業家もいる。

また、フィリピン人は英語が話せるので、アメリカの最新のＩＴ技術をダイレクトに学ぶことができる。そうしたフィリピンのＩＴ人材を派遣・斡旋するといったビジネスも成り立つ。

今、ＩＴの分野では世界的にグローバル人材の獲得競争が激化している。そうしたＩＴグローバル人材育成の最前線にあるセブ島は要注目である。

セブ島へ医学留学して日本で医師になる道も

世界で活躍する医師を目指している若者にお勧めしたい選択肢がある。

セブ島へ医学留学するという道である。

フィリピンでトップの医学系大学はセブ島にある「セブ・ドクターズ・ユニバーシティ（セブ医科大学）」だ。ＷＨＯ（世界保健機関）の「世界有名医科大学全集」にも掲載された大学だ。

トップクラスの医科大学ながら、日本の医学部に比べれば入学しやすい。入学試験はさほど難しくない。日本の普通の大学に入れる能力があり、英語ができれば入学できるレベルである。なお、セブ島には医療専門英語学校もある。

医大を卒業すると、医師国家試験の受験資格が得られる。ただし、フィリピンの医師国家試験は、フィリピン人でないと受験できないと法律で定められている。外国人がフィリピンの医師国家試験を受験するためには、帰化するか、フィリピン人と結婚するか、フィリピンに8年以上在住する必要がある。

したがって、多くの留学生は海外で医師になることになるが、卒業した医大によってどの国の医師国家試験を受けられるかの要件が異なってくる。

日本で医師になりたい場合、セブ島のほとんどの医大（WHO指定校）は卒業後に日本の医師国家試験を受けることができる。

ただし、日本で医師になるには1年のブランクを覚悟する必要がある。

日本の医師国家試験制度では、「海外の医学校を卒業した人」「外国において医師免許を得た人」は、日本で医師の資格を取得するためには、予備試験を受けて医師国家試験の受験資格を認定されなければならない。そして、予備試験に合格しても、すぐには医師国家試験は受けられず、1年以上の実地修練が必要とされているのだ。

もっとも、セブ・ドクターズ・ユニバーシティの医学生は卒業後、現地の病院に勤務する以外は、さらにアメリカへ留学して向こうで医師になるというケースも多い。直接アメリカの医学部に進むのは狭き門だが、セブ島の医学部を経由すればハードルが下がるからだ。

なお、フィリピンの医学系大学に入るには、どこの国の何科でもいいので4年制大学を出ていることが受験要件になっている。高校卒業後すぐに医大に入ることはできない。

社長に企業内改革のレポートを提出しよう！

将来の起業を夢見ていても、ほとんどの人はまずはサラリーマンになる。

しかし、サラリーマンとして日々の仕事をしながらも、「いずれは自分も何かをやりたい」と考えている人もいるだろう。そういう若者に言いたい。

「会社は君たちの大学院だ！」

独立開業を目指している人のなかには、「会社勤めは無駄」と考えている人もいるかもしれない。だが、決してそんなことはない。サラリーマン時代は未来への助走期間だ。

起業に向けての最短距離の方法を提案しよう。

自分の会社の社長に向けて、企業改革のレポートを出すのである。まずは大学生に戻って、社長に論文を出してみることを強くお勧めする。

自分の会社の改革案も思い浮かばない人間が、独立し起業しても会社を経営していけるはずがない。

その論文では、「まず今の自分のポジションをこう改革したい」「こう改革することによってこういう結果が出る」「その結果が出ることで、この会社はこうなっていく」というストーリーを描く。

自社のレベルアップのための企業内論文を提出する。これは若い社員にとって他の社員と差別化するための第一歩になるだろう。会社でそんな論文を書いた人間などおそらくいない。サラリーマンも起業家も同じ。差別化しなければ勝つことなどできないのだ。

企業内改革のレポートを書く。これはアイデアとしては斬新ではないかと思う。

こうした試みをすると、まず社内で目立つ。やがて、外部の同業他社の人間の耳にも入ることになる可能性がある。

「貴社のAさんの話を聞いたよ。凄いよね。うちもそんな人材が欲しいな」と噂になるかもしれない。すると、業界内で彼の株は上がっていく。

要するに、普通では選ばれないのだ。

独立開業を考えている人のなかには、自分を過信し、すぐにでも会社を飛び出そうとする人もいるだろう。もちろん自信は必要だ。上司と議論するくらいの若者でなければ起業しようなどとは考えないし、自分を持っていない人間はビジネスで勝つことなどできない。

ただ一方で、将来を見すえて、まずは自分の会社で足場を固めることもできる。社内で頭角を現わせば周囲の人も注目するようになる。それが起業して成功するための近道になることもあるだろう。

「強い思い」を持ち、「他者との差別化」ができれば、必ず周囲の誰かが見ている。そうした人たちが、将来起業したときにお客さんになってくるかもしれないし、アイデアを実現するスポンサーになってくれる可能性だってあるのだ。

独立は計画的かつスマートに

会社員を辞めて独立しようという際に考えておくべきことがある。

それは、元いた会社に「仁義を通す」ことである。

ビジネス社会を動かしているのは多くは利害関係だ。たとえば、自分が属していた会社と同じような業種で独立した場合、相手は競合になり、敵対関係になる。

たとえば、勤めていた企業のスポンサーが、独立した自分に目を向けてパートナーになってくれるかもしれない。だが、そこからトラブルになる可能性もないではない。

あるいは、勤めていた会社から顧客を持って独立する。これも場合によってはモラルに反することになるので、揉める原因になるだろう。情報の持ち出しなどはもってのほか。法律違反になる可能性もある。

同業種での独立開業はトラブルの宝庫である。トラブルにならないためには、していいこととけないことの線引きをはっきりさせておくことが必要だ。

勤めていた会社とどう折り合いをつけて独立していくかは重要である。そこではスマートさが要求される。

スマートに独立するためには計画的に事を進めることが必要だ。「明日、辞めます」は論外だ。せめて1年の猶予を持ちたい。そして、その1年の期間の間に必要な準備や処理を終えて、スマートに区切りをつける。

昔であれば、会社に三行半《みくだりはん》を突きつけて急に飛び出しても「あいつ、元気がいいな」で済んだが、今はそうはいかない。情報網もたくさんある。「不義理して辞めるような奴とは付き合うな」と言われてしまうのがオチだ。

ともかく、独立に際しては元いた会社に不義理をせず、きちんと仁義とスジを通すことが重要である。

独立後も元の上司などから応援してもらえるような、そんなスマートな退社〜起業を目指したいものだ。

自分の欠点も武器にしよう

私には「飽きっぽい」という欠点がある。

これまでいろいろな分野の仕事に携わってきたのも、元来の人並み以上に飽きっぽいという性格に由来しているのではないかと思う。

「飽きっぽさ」は普通、どうしようもない欠点ととらえられる。私も一時期悩んだものだ。だが、持って生まれた性格を直すことなどできるわけがない。だから、開き直って、前向きに考えることにした。

つまり、こういうことだ。

飽きっぽいというのは、未知のものに対する興味が強いということに他ならない。その尽きない好奇心をエネルギーにする。飽きっぽいという欠点を活かして武器にする工夫をすればいいのだ。

私は、自分の性格をマイナスにとらえるのではなく、プラスへと転換を図ったのだ。それによって、自分が次から次へといろいろなものに興味を持つことに疑いを抱くことがなくなった。

こうして私は、自分がワクワクする生活や、やりがいのある仕事を求めて、自由に思いきり活動してきた。何をするのも楽しく、興味があることなので寝食を忘れて没頭できる。欠点を武器にするためには、まず冷静になって自分の欠点を認めなければならない。欠点を欠点と認識してそれをクリアしていく努力をするのだ。

欠点に振り回され、自信を失ってしまうようでは成功などおぼつかない。

たとえば、自分は口下手で社交的ではないから営業が苦手だと思っている人がいるだろう。だが、口が達者な営業マンよりも、寡黙な営業マンのほうが売れるケースなどざらにある。話すのが苦手な営業マンでも、誠実な対応を心がけることなどでトップセールスになれる。あるいは、どうしても営業が苦手だというなら、自分はモノを作る側に回って、優秀な営業マンを雇えばいいのだ。

独立を考えているくらいの人であれば、自分の長所はよく知っているだろう。それはもう思いこみでもいいから、その長所をどんどんアピールしていく。そして、短所は短所として認めて、それを利用することを考えるのだ。

自分が欠点ととらえていることに対して、ぜひプラスの方向づけをしよう。もしかしたら、欠点と思っているのは自分だけかもしれないし、それを活かす工夫をすれば長所に変わるのだ。

さらに、その長所をどんどん伸ばしていけば多くの人に役立つことができる。私自身もそうやって生きてきた。負けない意識を持って、自分に合った好きな道を切り開いていくよう努めた。

もともとは欠点だと思っていたものが、社会に貢献できるようなパワーにつながっていく。これが人生の面白さであり、醍醐味だと思う。

欠点も武器になる。このことを覚えておこう。

角度を変えれば別のアイデアが浮かんでくる

欠点も角度を変えて見れば長所になる。アイデアも同じだ。

「いくら考えても同じようなアイデアしか出てこない……」

そんな風に悩んでいる人も多いだろう。

だが、これまで全く存在しなかった斬新なアイデアなど、そうそう生まれるはずがない。「凄いアイデアを思いついた!」と思っても、実はすでに誰かが形にしてしまっていることがほとんどだ。だからといって、そのアイデアを捨てる必要はない。

そこで必要になるのは「角度を変えて見る」という作業である。

同じようなアイデアであっても、視点が変わると、別の形が見えてくることはよくある。だから、自分のアイデアに固執してはいけない。そもそも、別の考え方で見るという発想がなければアイデアなど浮かばない。既存のモノやサービスなどを見て、「あれ? こうやってみたら面白いかも」という発想の飛躍が新しいアイデアにつながることが多い。

このように、柔軟にアイデアを生み出すために必要な考え方は「ラテラルシンキング」と呼ばれている。

これはどんな前提条件にも常識にも縛られずに、物事を異なる角度から見て考える思考法だ。

一つの物事を深く垂直に考えていく思考法が「ロジカルシンキング」だ。多くのビジネスマンはロジカルシンキングしか使わない。日常的な仕事のほとんどは論理的に考えたほうがスムーズに進むからだ。

だが、新しいアイデアを生み出すためには思考回路を変える必要がある。ロジカルシンキングではなく、横方向に水平に視点を広げていくのだ。これがラテラルシンキングで、「水平思考」とも呼ばれる。

ラテラルシンキングで重要なポイントは「前提を疑う」「対象を抽象化する」ということだ。

まず、「世間では前提（常識）とされているそのやり方や認識は正しいのか？」と疑う。

既存の条件をひとまず破壊してみるのだ。

その上で、具体的なモノを見て、「それはそもそも何のためのモノなのか」と対象を抽象化する。さまざまな言葉で抽象化すると、今まで見ていなかったそのモノの本質に気づきやすくなる。そこから新たな着想が生まれる。

このラテラルシンキングから生まれた製品としてよく例に挙げられるのが「iPhone」である。

それまで、携帯電話メーカーはどこも「ボタンの使いやすさ」を重視していた。しかし、アップルのスティーブ・ジョブズは、「いっそボタンをなくしてみよう」と考えた。こうした発想からiPhoneが生まれた。

また、それまでの携帯電話はさまざまな機能を詰め込むことで差別化を図っていたが、結果、どの機種も高性能だが、同じような製品ばかりになってしまった。iPhoneはその常識を無視し、最低限の機能でスタートし、必要な機能はユーザーがダウンロードすればいいと割り切った。

アイデアに詰まった、陳腐なアイデアしか浮かばない。そんな人は角度を変えて見てみよう。きっと別の形が立ち現れてくるはずだ。

転んだらそこで考えろ

「転んでもただでは起きない」という諺《ことわざ》がある。「ただで起きない」ためには、転んだときにそこで考えることが必要だ。

転ぶのは本人のミスだ。「そのミスがどこに起因しているのか?」「次から転ばないようにするには何が必要なのか?」を考える。そこから何かが見えてくる。

転んだときこそ、新しいアイデアを見つけるチャンスなのだ。

「失敗は成功の元」。これも同じことだ。

失敗したときに、今度失敗しないようにするためにどうするかを考える。

たとえば、新製品ができたので思い切って1万個発注したところ、作りすぎてダメージを受けた。そこで、次の製品は様子を見るために10分の1の1000個から始めてみる。ロットを少なくするとコストがかかるけれども、自信のある商品なので多少価格に乗せて売り出す。そこでヒットすれば量産体制に入れる。ヒット商品というのもこうした試行錯誤から生まれてくることが多いのだ。

最初から何事もうまくいくというのはビジネスではレアケースである。負けるときだってある。そして、本当の勝負は負けたときから始まっている。負けたときは、「なぜ、うまくいかなかったのか?」を自問自答することで前に進んでいける。

人間というのは不思議なもので、うまくいったときには「なぜ勝ったのか?」ということはあまり考えない。勝ちよりも、負けや失敗から学ぶことのほうがはるかに多いのだ。負けた理由を真剣に考え、次に勝つための戦略を突き詰めて考えることが大切である。

失敗を「負けにしない」ことで勝ち癖がつく

世の中には何をやってもうまくいかない人がいる。負け癖がついているからだ。

ビジネスを成功させるために重要なのは「勝ち癖」をつけるということだ。

では、勝ち癖をつけるにはどうすればいいのか？

それは「負けないようにすること」である。

大事なのは、うまくいかなかったときに「負け」にしないことだ。うまくいかなかったのは「勝つ」ための「途中経過」にすぎない。

ビジネスをしていると、何から何までうまくいくことなどない。むしろ、うまくいかないことのほうが多い。だが、うまくいかなかったからといって、そこでやめてしまうと負けになる。「うまくいく人」は、うまくいくまで繰り返すのだ
「これをやったがうまくいかなかった」→「うまくいかなかった。次はこうしてみよう」

↓「また、うまくいかなかった」↓「じゃあ、今度はこっちをやってみよう」……。

このサイクルを繰り返していくうちに、うまくいかない原因が改善されてくる。すると、いつか必ず勝てるときが来る。PDCAサイクルのようなものだ。

要するに、勝つまでやればいい。それまで負け続けていたのは、別に負けていたわけではない。単なるテストマーケティングであり、勝つためのデータを集積していたのだ。つまり、すべては勝ちにいくためのステップだったということになる。

何をやってもうまくいく人、勝ち癖がついている人というのは、実はこうしたトライ・アンド・エラーのスピードが凄く速いのだ。少々つまづこうが、PDCAサイクルをどんどん回してその失敗を帳消しにしてしまう。

世界的に有名な成功者は、一夜で名声や財産を手に入れたわけではない。何度も何度も壁にはばまれ、そのたびに改善点や新たな発想を見出し、一歩ずつ成功へと近づいていったのだ。

「勝ちたい」という思いは必要だが、それよりも「負けない」という強い意志を持つことが大事だ。そうすることで、勝ち癖がついてくる。

強い意志を持った人だけが勝者になる

勝ち癖をつけることが大事なのは、恋愛も同じである。

勝ち癖をつけるというのは「成功感覚」を覚えるということだ。成功を実現していく人たちは、高い成功感覚を持ち、自分が成功するために大切なことや考え方、ノウハウを鋭くキャッチして、自分の行動に取り入れることがうまい。

ビジネスに成功している人と恋の成就がうまい人には一種の共通点がある。どちらも、何も努力せず運だけで成功しているわけではない。ただ、ひたすら待っていてもダメだ。強い意志を持って、自分が行動しなければ何も始まらない。

好きな人がいる。だが、素敵な相手なのでライバルがいっぱいいる。男女間の話だから、勝たないかぎりは、他の人にとられてしまう。それは熾烈な競争である。

恋愛について勝ち負けという表現をすることに違和感を覚える人もいるかもしれない。

だが、恋愛で競争相手に負けて、好きな人を取られてしまうことは明らかに負けである。ライバルに気圧されてしまったらもう負けは目に見えている。まずは、「負けない」という強い意志を貫かなければならない。その上で、ライバルに勝つための戦略的な思考が必要になる。

好きな人に競争相手よりも自分のほうが強い想いを持っていることを効果的に伝えるにはどうするか？　自分の魅力をアピールして、どうやって相手の気を引くか？

競争相手との差別化を図ることが重要になる。

ただし、押しの一手で口説いても望む結果は得られない。

恋愛はセールスにも似ている。セールスが難しいのは、興味のない人にあれこれと説明して、購入してもらうために説得しなければならないからだ。

かといって、正攻法で押しても売れるとはかぎらない。女性を口説くにも、正面から攻めても必ずしも興味を持ってもらえないだろう。

では、どうすればよいのか？

必要なのはマーケティングの戦略である。マーケティングというのは、売りたいお客様に売れる仕組みをうまく作ることだ。情報をリサーチし分析し、顧客が何を求めているのかを明らかにし、アイデアと工夫で相手に的確にヒットする商品やサービスを提示する。あとは、背中をちょっとだけ押せば売れるところまでに持っていくのだ。

恋愛でも、押しの一手で自分を売り込むのではなく、何らかの仕掛けによるマーケティング手法を活用するといい。ただし、売れる仕組みや仕掛けをつくるには相当な知恵がいる。

このように、恋愛のことを考えただけでも、負けないための分析と戦略が必要だということがわかるだろう。

私たちは、自分の人生のなかで、ちょっとした差で勝ったり負けたりしている。そう、ちょっとした差でいい。僅差であっても、勝ちは勝ちだ。

おわりに

どういうわけだか、昔から、私のところへは多種多様な人たちが集まってくる。口幅ったいことを言うようだが、私の生き様やライフスタイルに共鳴してくれる若者も少なからずいる。

私はすでに70歳代の半ばを迎え、事業の第一線からは身を引いている。ペット葬儀社など日本での事業はすべて売却し、後進に譲った。

今後は主に、さまざまなジャンルで起業などを目指す若者たちのサポートができればと考えている。

振り返ってみれば、学生時代から、これまで多種多様なビジネスを手がけてきた。アイデアと戦略的思考、そして実行力でこの社会を渡ってきた。海千山千が跋扈《ばっこ》する政治の世界にも足を突っ込んだ。

そうした経験から、若者たちに何らかのメッセージを伝えるメンター（師匠）の役割を果たせるのではないか。

そう考えたのが、本書を出版した最大の動機である。


読者の中には、起業を考えている人、ビジネスチャンスを模索している人がたくさんいるだろう。社会に出て働き始めたものの、自分の未来が描けず、進路に迷っている人もいるかもしれない。

そんな人には、ぜひセブ島へ来ることを強くお勧めしたい。

セブ島は基本的には遊びに行く場所だ。まずは気楽な気持ちで、自分探しのためにセブ島を利用してみるのもいいと思う。

そこで何かが閃き、新たなビジネスへの意欲がわき、あなたの人生が大きく動き出すかもしれない。

今、セブ島は経済成長の真っ只中にある。ＩＴやビジネスの進展も目覚ましく、起業のチャンスは大きく広がっている。

２０１８年にはセブ空港に新しく国際線専用ターミナルができて、空港は６倍の規模になり、世界中に路線が増えた。

ここ数年、建設ラッシュに沸いており、不動産価格も上昇してきている。だが、日本に比べれば不動産物件の購入価格はまだまだ安い。セブ島にセカンドハウスとしてマンションを購入するもよし。投資対象としてもお手軽だろう。

フィリピンの物件はプレビルドなので、工事が着手される前に物件を購入しなければならないが、販売初期に買えば不動産を安く購入することができる。さらに、値上がりによるキャピタルゲイン（売却益）が期待できるので、新たに建設されるコンドミニアムやホテルなどがたくさん売れている。

そして、セブ島には語学留学、ＩＴ留学、医師への近道、人材輸出など新たなビジネスチャンスも広がっている。

セブ島での起業を目指す人、移住を考えている人などは「ジャパン支援センター」に連絡してほしい。さまざまな形でサポートができると思う。

日本から4時間半で来られて、自然に恵まれ、物価が安く、親日家が多い。そして、何よりもセブ島は一年中、天気が良くて温暖な南の楽園だ。こんな理想的な環境に身をおいて、世界で通用するグローバル人材を目指すのも悪くないのではないか。

繰り返すが、成功への第一歩は夢を持つことだ。ビジネスも人生も同じである。

あなたたちの前には、無限ともいえる可能性の海が広がっている。人生の勝者になるために、自分の手で、自分だけのストーリーを紡ぎ出していってほしいと切に願う。

2020年7月

寺田　章

【参考資料】『田中角栄 100の言葉』別冊宝島編集部編、宝島社

セブの成功者《せいこうしゃ》が教《おし》える
ゼロからお金《かね》持《も》ちになる法《ほう》

2020年9月2日　初版第1刷

著　者――――――――寺田章《てらだあきら》
発行者――――――――坂本桂一
発行所――――――――現代書林
〒162-0053　東京都新宿区原町3-61　桂ビル
TEL／代表　03(3205)8384
振替00140-7-42905
http://www.gendaishorin.co.jp/

デザイン―――――――大場君人
カバー写真―――――Luke Wait Photography

印刷・製本　㈱シナノパブリッシングプレス
乱丁・落丁本はお取り替えいたします。

定価はカバーに
表示してあります。

ISBN978-4-7745-1869-5 C0030